MARCEL MONNIER

248

Le Drame chinois

(Juillet-Août 1900)

子 維 音 嘵 嘵

« Je ne puis que pousser un cri d'alarme. »
Cho King, Kouo Foung. Liv. xv.

PARIS

ANCIENNE LIBRAIRIE GERMER BAILLIÈRE ET Cie

FÉLIX ALCAN, ÉDITEUR

108, BOULEVARD SAINT-GERMAIN, 108

—

1900

Le
Drame chinois

MARCEL MONNIER

Le
Drame chinois

(Juillet-Août 1900)

子 維 音 嘵 嘵

« Je ne puis que pousser un cri d'alarme. »
Cho King, Kouo Foung. Liv. xv.

PARIS

ANCIENNE LIBRAIRIE GERMER BAILLIÈRE ET Cᵉ

FÉLIX ALCAN, ÉDITEUR

108, BOULEVARD SAINT-GERMAIN, 108

1900

LE
DRAME CHINOIS

I

AVANT LA TEMPÊTE

Il y a trois ans de cela, par une riante journée de mai 1897, l'élite de la colonie européenne de Shanghaï était assemblée à Woo-Sung, sur le beau champ de manœuvres que circonscrivent d'une part la ligne des forts et du camp retranché chinois, de l'autre la nappe majestueuse et grise où se mêlent les eaux du Houang-Pou et du Yang-tsé-Kiang.

Réunion *select* et charmante. Tout ce que la métropole commerciale de l'Extrême-Orient compte de gentlemen avérés et de jolies femmes s'était mobilisé ce jour-là pour répondre

MARCEL MONNIER. 1

à l'invitation lancée par les officiers instructeurs étrangers désireux de présenter pour la
première fois et de faire évoluer devant une
assistance sympathique les recrues de toutes
armes dont ils dirigeaient l'entraînement, Dieu
sait avec quelle sollicitude et quelles peines,
pour le compte du Fils du Ciel. Inutile de
dire si l'annonce de cette petite fête militaire
et mondaine avait été bien accueillie des sa-
lons et des clubs. Elle promettait d'ajouter un
numéro sensationnel au programme assez peu
varié des divertissements sportifs de la belle
saison. Elle venait à point pour permettre
d'attendre sans trop d'impatience les manœuvres annuelles du corps des volontaires et la
grande semaine des courses.

Ajouterai-je que ladite invitation, gravée
sur vélin, avait été, comme toujours en pareil
cas, l'objet des convoitises ardentes, mais
vaines, de toute une catégorie de citoyens fort
estimables, représentant qui plus est l'immense
majorité de la colonie, mais que les traditions
inflexibles du protocole local excluent de la
« Société » ? Je veux parler des négociants au
détail. Dans cette république marchande, quiconque tient boutique ne fait pas partie du
Monde, quel que soit d'ailleurs le chiffre de

ses affaires ou sa valeur personnelle. Qu'il dispose d'une échoppe ou d'un magasin occupant, sur quatre façades, les cinq étages d'un bâtiment monstre où le caprice d'un architecte éclectique a juxtaposé le corinthien et le babylonien, le rococo et l'hispano-mauresque, le simple détaillant n'est jamais quelqu'un à Shanghaï. Seul est tenu pour tel celui qui traite les affaires en grand ; dès qu'il débite ou achète non point pièce à pièce mais au tas, rien ne serait plus incorrect que de désigner le centre de ses opérations sous le terme vulgaire de magasin. C'est *office* qu'il faut dire. Libre à lui, d'ailleurs, d'importer des cotonnades ou de la quincaillerie, d'exporter la soie, le thé ou les épices. Il est *merchant*. Le voisin n'est que *shopkeeper*.

Bien entendu, sur le steamer enguirlandé, enrubanné, qui, toutes flammes au vent, nous emportait à Woo-Sung, pas un *shopkeeper* ne faisait tache. Rien que des *merchants* et des femmes, filles ou sœurs de *merchants* authentiques, et quelques unités secondaires, invités de passage, seigneurs sans importance. J'étais du nombre.

Matinée exquise, d'une douceur bien rare en ce pays de températures extrêmes où, presque

sans transition printanière, l'été sévit, lourd
de fièvres. Un ciel d'Europe, un ciel léger que
barrait çà et là un vol de nuées d'un gris de
perle. Ce qu'on appelle un temps de demoi-
selles.

A l'arrivée, le lunch avec la sérénade. Sous
une tente spacieuse, la collation était servie
par petites tables, le couvert égayé de plantes
vertes et de chemins fleuris. Au velum, aux
montants, partout, parmi les faisceaux de dra-
peaux de toutes les nations, l'étendard chinois
triangulaire, avec le dragon rampant, domi-
nait, se détachant en vigueur sur ces nuances
brouillées comme le bouton d'or dans une
brassée de fleurs des champs.

Nos hôtes surveillaient le service, allaient
d'un groupe à l'autre, empressés, trouvant
pour chacun une parole aimable. Tous de
haute mine et de fière prestance, la taille bien
prise dans un uniforme du bon faiseur. La
plupart conservaient la tenue de l'arme à laquelle ils appartenaient en Europe. Quel-
ques-uns avaient cru devoir l'échanger pour
une tenue de fantaisie dont l'ornementation
composite évoquait de façon ingénieuse le souvenir de la patrie et leur situation nouvelle
d'officiers de fortune, reliait le présent au

passé, l'Orient à l'Occident. Ils allaient, venaient, pimpants, alertes, l'éperon sonnant,
la bouche en cœur, heureux de vivre, de donner cette fête à la « Société » qui leur avait
fait si souvent bon accueil pendant l'hiver, et
pour cause. N'étaient-ils point la providence
des organisatrices de bals, sauteries ou repré-
sentations d'amateurs, tour à tour conducteurs
de cotillons, metteurs en scène et premiers
rôles ! C'était si plaisant, en vérité, de retrou-
ver dans ce camp chinois, commandant à des
guerriers jaunes, le cavalier avec lequel on
avait bostonné la semaine précédente chez les
X... ou joué la comédie chez les Z...!

Et tandis que, dans un *crescendo* joyeux
de papotages et de petits rires, les boys indigènes en robes bleu de ciel circulaient silencieux, avec des allures d'ombres, emplissant
les coupes, apparus et disparus en coup de
vent, effleurant à peine le sol du bout de leurs
sandales de feutre, à la cantonade une fan-
fare, chinoise elle aussi, mais dirigée dans les
voies du progrès par un ancien kappelmeis-
ter, égrenait en un copieux pot-pourri les
rythmes entraînants d'Offenbach et de Suppé.

Des manœuvres tant à pied qu'à cheval, auxquelles nous eûmes le plaisir d'assister du

haut d'une tribune spécialement érigée, à
grands frais, pour la circonstance, rien à dire
sinon qu'elles furent très convenables, mais
un peu longuettes. On ne nous fit grâce d'aucun détail. Ecole du soldat avec et sans
armes, alignements, assouplissements, gymnas-
tique, voltige, école de compagnie, de batail-
lon et de régiment, tout y passa. Et quand ce
fut fini pour l'infanterie, la cavalerie entra
en scène ; puis ce fut le tour des artilleurs.
Tir au fusil, tir au canon, manœuvres de
force, rien n'y manqua. Cette débauche de
poudre obtint un succès marqué. Des connais-
seurs, fondés de pouvoir des maisons qui
avaient importé le matériel de guerre, en faisaient ressortir les qualités maîtresses. Ils
précisaient, expliquaient aux profanes les
mystères du recul et de la trajectoire. Mais
le clou de la séance, ce fut la revue et surtout
le défilé final. L'infanterie fut vraiment remarquable ; rarement j'ai vu jeunes troupes
se mouvoir avec plus d'entrain et d'ensemble.
Leur façon de prendre le pas de parade, à la
prussienne, la jambe tendue, touchait à la
perfection ; des automates n'eussent pas fait
mieux. Les troupes montées défilèrent en
moins bon ordre par suite du caractère plutôt

indépendant des poneys mongols, mais avec
un brio extraordinaire, chaque escadron sa-
luant au passage les nobles étrangers d'un
formidable hourra. Ce fut un triomphe. Aussi,
lorsque les effectifs eurent regagné leurs cantonnements, les instructeurs, qui vinrent nous
reconduire à bord, recueillirent-ils de plus
d'une jolie bouche les compliments les plus
flatteurs.

Avant de repartir, sous prétexte de « prendre le thé », on sabla quelque chose qui res-
semblait fort à du champagne. Puis, les toasts
terminés, le steamer larguait ses amarres et,
la marée aidant, filait rapidement vers Shanghaï. Chacun était enchanté de la journée qui
d'ailleurs s'achevait dans cette sensation si
pénétrante et si douce du crépuscule tombant
sur les eaux. Il estompait, effaçait peu à peu
les contours des rives à demi noyées. On ne
distinguait plus la terre, on ne voyait plus le
fleuve, seulement les lumières de Shanghaï
scintillant à l'horizon. Il nous semblait vo-
guer dans l'espace, en plein ciel, vers des
constellations inconnues mais prochaines.

Sur le pont, les commentaires allaient leur
train ; la conversation roulait, cela va sans
dire, sur les questions de tactique et de ba-

listique, comme il sied dans une réunion de
bons bourgeois et de marchands paisibles qui,
après avoir vu défiler devant eux, sabre au
clair, des troupes — fussent-elles jaunes —
en éprouvent une griserie bien naturelle et
se sentent l'âme guerrière. Le sentiment presque unanime était que l'expérience à laquelle
nous venions d'assister avait une portée considérable ; bonne pour la Chine, excellente
pour les Européens en qui les Chinois ne pouvaient manquer de voir désormais les éduca-
teurs indispensables, les habiles manieurs
d'hommes dont elle avait tant besoin. Seulement n'était-il pas à craindre que ces indigènes, si bien dressés en apparence, ne fussent en définitive qu'une armée de parade ?
Que donneraient-ils en campagne ? Sur ce
point, les opinions étaient fort divisées. La
majorité toutefois inclinait à penser que ces
mêmes troupes, remarquables sur le champ
de manœuvre, ne vaudraient pas le diable sur
le champ de bataille. Un incrédule alla plus
loin et déclara qu'à son avis elles seraient au-
dessous de tout : « Instruisez, entraînez ces
gens-là tant qu'il vous plaira, vous en ferez
des figurants, non des soldats. Le tempérament
n'y est pas. — Mais en y mettant le temps ?

— Le résultat serait le même : un troupeau, vous dis-je, un simple troupeau. » Trois ou quatre voix protestèrent, déclarant qu'on avait tort de se montrer aussi affirmatif. Les Chinois, bien armés et stylés par nous, pouvaient faire sinon des combattants solides, du moins d'excellents tireurs. Mais l'observation ne convainquit personne. Une méchante langue insinua qu'elle émanait précisément des représentants accrédités sur la place par les fabricants de bouches à feu. En vantant les Célestes, ils vantaient leur propre marchandise. On s'égaya. Mais la plaisanterie fut prise assez mal par l'un des commerçants susvisés. La discussion allait tourner à l'aigre lorsque des amis communs intervinrent. Afin de mettre tout le monde d'accord et de ménager des amours-propres irascibles, l'assemblée s'arrêta à un moyen terme. Au moment où le vapeur jetait l'ancre devant le « Bund », il fut convenu que les Chinois pouvaient à la rigueur devenir de très bons pointeurs. Tout dépendait des circonstances. Jusqu'à présent on ne savait pas. Il « faudrait voir ».

Le souvenir de cette réunion de printemps et des propos échangés au retour, sur la dunette enténébrée, m'est revenu plus d'une fois

dans l'esprit durant ces dernières semaines.
Pékin bloqué, silencieux comme une tombe,
l'insurrection maîtresse de la vallée du Peï-
Ho, les défenseurs de Tien-Tsin maintenant à
grand'peine leurs positions sous le feu meurtrier des batteries Krupp. Il semble bien
qu'aujourd'hui « on a vu » ! Plus que jamais
les forts de Woo-Sung sont garnis de troupes
et le taotaï a la bonté de mettre les résidents
européens en garde contre les mauvais des-
seins de cette soldatesque recrutée, assure-t-il,
parmi les bandits de la pire espèce. Il invite
les habitants des concessions à ne point s'a-
venturer à proximité des cantonnements de
ces braves. Et la « Société » de Shanghaï a
grand'peur.

La lecture des premiers télégrammes de
Tien-Tsin est non moins suggestive. Presque
tous contiennent une phrase, répétée chaque
jour, dont les termes varient, mais dont le sens
est toujours le même : « Le tir des Chinois est
d'une précision étonnante ! Les batteries chinoises paraissent admirablement servies ! » Si
l'heure n'était point si grave, cette exclama-
tion de stupeur indignée ferait sourire. Elle
rappelle un peu la leçon d'escrime du *Bourgeois gentilhomme*, l'apostrophe fameuse de

M. Jourdain lorsque cette ignorante de Ni-
cole, à laquelle il vient d'enseigner par raison
démonstrative tout le secret des armes, lequel
consiste à donner et à ne point recevoir, a si
bien profité de la leçon qu'elle pousse à son
maître plusieurs bottes victorieuses : « Tout
beau ! Holà ! Doucement ! Diantre soit la co-
quine ! tu me pousses en tierce avant que de
pousser en quarte, et tu n'as pas la patience
que je pare ! »

Au milieu de l'émotion provoquée par les
terribles événements dont la Chine du Nord
est le théâtre, alors que les dépêches où nous
cherchons, sans y réussir, à faire la part du
fait acquis et de la conjecture, viennent
d'heure en heure exaspérer notre angoisse,
il est certes bien difficile de se ressaisir, de
considérer la situation de sang-froid et d'un
peu haut. On voudrait examiner avec calme
la genèse du mouvement, ses causes profondes,
rechercher aussi les responsabilités encourues
dans une certaine mesure par l'Europe. Dans
sa hâte de rénover les lois économiques, les
coutumes de l'Extrême-Asie, a-t-elle suffisamment tenu compte des leçons de l'Histoire,
de l'état d'âme des peuples, de l'influence toute-

puissante des traditions et du milieu, de la nécessité qui s'imposait de procéder pas à pas, en douceur, en sauvegardant les formes, de façon à ne point mettre en défiance la clientèle espérée? Autant de questions dont l'importance n'échappe à personne, mais auxquelles on n'a guère le désir ni le loisir de songer, dans les anxiétés de l'heure présente. En ces moments de fièvre aiguë, seul le fait brutal, le fait actuel, nous obsède. L'étude des causes et des prodromes, si intéressante soit-elle, est reléguée à l'arrière-plan.

D'ailleurs, est-il en notre pouvoir de nous soustraire aux préoccupations du moment pour aborder, fût-ce de façon très sommaire, une semblable étude avec la sérénité de l'historien sans haine et sans colère? Une rage, impuissante, hélas! nous saisit à la seule pensée de ce qui se passe là-bas, des savantes tortures réservées aux hommes de notre race qui se seraient laissé prendre vivants par les énergumènes jaunes. De notre race, ai-je dit : et, de fait, il n'en est qu'une aux yeux des massacreurs qui ne distinguent guère entre les nationalités. Les étrangers en bloc sont menacés par ces hordes furieuses. Devant le péril imminent, les rivalités anciennes font

trêve. Celui que l'on égorge, prêtre, diplomate
ou soldat, quelle que soit sa patrie, est un des
nôtres, un membre de la famille et, pour venger sa mort, nous rêvons de formidables héca-
tombes. La réflexion nous fait sentir la pué-
rilité de ce premier mouvement tout impulsif
qui nous incite à rendre un peuple entier responsable des tueries organisées par ses chefs.
Que le châtiment soit impitoyable, ce sera
justice ; mais avant tout qu'il frappe en haut.
C'est l'évidence même, bien que, tout d'abord,
elle s'efface sous la poussée d'indignation qui
trouble notre vue et fait trembler notre plume.

Nous allons pourtant nous efforcer d'examiner ces choses sans nous laisser émouvoir
par les abominations révélées, de les regarder
sans passion, comme s'il s'agissait d'événements accomplis depuis des âges. Observer
le mal dans ses origines, mettre en relief,
afin d'en mieux profiter désormais, les leçons
trop souvent méconnues du passé, essayer
vaille que vaille de condenser en quelques
pages une étude qui, même très incomplète,
exigerait un volume, c'est là, il faut l'avouer,
une tâche ingrate et sans éclat ; utile néanmoins, à cette heure de déceptions cruelles
où tant de gens qui entrevoyaient à bref délai

une Chine ouverte, apprivoisée enfin au contact de la civilisation occidentale, une Chine
touchée de la grâce, enjôlée, malléable, s'a-
perçoivent soudain que tout est remis en question, que l'Occident en est pour ses avances
et pour ses espoirs chimériques, que le prestige européen, s'il exista jamais, s'en est allé
en fumée et que les temps tragiques sont revenus.

II

LES CAUSES ÉLOIGNÉES

A peine est-il besoin de rappeler la cause occasionnelle de l'insurrection qui, du Chan-Toung, a gagné le Tchi-Li et menace, pour peu que les choses traînent en longueur, de s'étendre de proche en proche à d'autres provinces. Du jour où l'impératrice douairière de Chine, s'appuyant sur la réaction ultra-conservatrice pour faire échec à Kang Yéou Wei et au parti des réformes, renversait le débile Kouang-Su et s'emparait du pouvoir, les événements devaient se précipiter. La révolution de palais du 20 septembre 1898 était le signal de l'agitation anti-étrangère, comme un encouragement manifeste donné aux sociétés politiques, libres désormais de mener au grand jour leur campagne pour le salut de la dynastie et l'extermination des « Barbares ».

Inutile de revenir sur ces faits, après l'exposé magistral et lumineux qu'en a donné mon éminent ami M. Henri Cordier[1]. Il a placé sous nos yeux cette série de décrets si curieux, d'une signification si aiguë pour nous dans leur phraséologie entortillée, ces ordres dictés par la vieille souveraine au fantôme d'empereur qui sanctionne sa propre déchéance et va jusqu'à se reconnaître usurpateur du trône en proclamant le fils du trop fameux prince Tuan héritier de son prédécesseur l'empereur Toung Tchi. Partout la main de la terrible impératrice apparaît préparant le mouvement libérateur destiné, dans sa pensée, à faire lâcher prise aux Européens et qui l'a brisée peut-être elle-même. On la voit stimuler par des largesses le loyalisme et le zèle de la soldatesque, placer à sa tête des hommes connus pour être les plus hostiles aux étrangers, tel ce Tong Fou Siang, qui, paraît-il, aurait commandé les derniers assauts contre les légations. Le massacre suprême, si la nouvelle en était confirmée, devrait donc être

1. Voir le supplément du *Temps* du 12 juillet 1900.

considéré, en dernière analyse, comme une
œuvre impériale, comme le dénouement d'une
tragédie due à la collaboration d'augustes
personnages et qui dépasserait en épouvante
les épisodes les plus célèbres du drame antique.

Il est à noter que cette opinion, aujourd'hui
prédominante, a contre elle quelques dissidents, non des moindres. Hier encore, nous
n'avons pas été médiocrement surpris de lire
un plaidoyer, inattendu dans les circonstances
actuelles, en faveur de sa Très Gracieuse Majesté l'impératrice douairière. Que dis-je, un
plaidoyer? Un panégyrique [1]!

« L'impératrice Tsou-Hsi a été dépeinte
à l'aide des plus noires couleurs par les journaux anglais et par les journaux français à
leur suite. Quelques mots sur sa carrière fe-
ront justice de ces imputations... »

Suit le *curriculum vitæ* de Sa Majesté,
« née d'une bonne famille mandchoue », depuis son entrée au harem jusqu'à nos jours.
C'est très édifiant. « Sous ses ordres ou sous
son influence d'impératrice douairière, les rebelles de l'Asie centrale ont été dispersés et

1. *Journal des Débats* du 17 juillet 1900, l'*Impératrice douairière de Chine*, par M. Maurice Courant.

MARCEL MONNIER. 2

soumis, Kouldja a été recouvré, le Turkestan et Formose ont été organisés en provinces, le télégraphe a rayonné sur tout l'empire, les premières lignes de chemins de fer se sont construites, le nombre des ports ouverts s'est multiplié, le Si-Kiang et le Yang-Tsé ont reçu les vapeurs sur tout leur parcours navigable, les armées des vice-rois ont été organisées à l'européenne (malheureusement!), les arsenaux ont été fondés. L'impératrice Tsou-Hsi fait preuve depuis quarante ans des qualités d'un homme d'Etat éminent. Nous devons, pour être justes, reconnaître en elle une grande souveraine, *comparable aux plus grandes qui ont pu régner dans les siècles passés ou dans celui-ci...* » Sémiramis, tout simplement ! Et le panégyriste ajoute : « Ses antécédents répondaient d'elle, quand elle a repris le pouvoir en 1898, et les étrangers pas plus que les Chinois n'avaient à concevoir d'inquiétudes... » Hélas ! ils n'en ont pas eu, et ils en meurent. Ils ne se sont que trop fiés à ces apparences. Ils ont cru à des simulacres, à la loyauté de cette cour, aux belles phrases qui mentent, aux politesses perfides. Ils ont cru, comme d'autres crurent avant eux, pour leur malheur ; comme d'autres croiront peut-

être. La tourmente passée, lorsque les .années
en auront amorti le souvenir, quand la poussière aura effacé la trace du sang répandu,
qui sait s'il ne se trouvera pas, en dépit de
l'expérience si cruellement acquise, des âmes
candides pour croire encore à la parole mandarine, aux serments de ces buveurs de thé?

Quoi qu'il en soit, si le coup d'Etat perpé-
tré en 1898 par l'impératrice douairière et le
vieux parti chinois fut la cause immédiate,
tangible du grand mouvement qui met le nord
de la Chine à feu et à sang et le monde civilisé en émoi, ses véritables origines datent de
loin. Pour qu'il se propageât avec une rapi-
dité aussi foudroyante, il fallait que la semence de haine, lancée de Pékin, tombât sur
un terrain dès longtemps préparé.

Si l'on en juge par la stupeur avec laquelle
l'Occident accueillit les premiers échos de cet
orage lointain, on serait tenté de croire que
pareille explosion est un fait extraordinaire,
inattendu, sans précédents. Pour les uns, ce
ne serait rien moins que la convulsion suprême de l'Homme malade, le prélude de la
dislocation fatale du vieil empire, l'ouverture
d'une succession qui, en raison de l'importance des intérêts en jeu, des compétitions des

hoirs et des rivalités de races, menacent sérieusement la paix du monde.

D'autres, plus calmes, allèguent que les dés-
ordres actuels, pour alarmants qu'ils soient,
constituent en fait une des mille formes de
ces tempêtes sociales qui, de tout temps, ont
sévi dans l'empire à l'état endémique, une des
innombrables fièvres éruptives qui secouent
périodiquement cet organisme compliqué. Pas
une province n'y échappe. Bon an mal an le
fléau, tantôt ici, tantôt là, perçoit son tribut
de cadavres et de ruines. Aujourd'hui sans
doute les conséquences peuvent être plus graves. Les troubles ont éclaté, non plus à des
centaines de lieues à l'intérieur, mais sur le
littoral, dans la capitale même. Ce n'est plus
seulement une partie quelconque et secondaire
du grand corps, qui est touchée, mais la tête.
Il s'agit cette fois d'une fièvre cérébrale, d'un
accès de folie furieuse. Si le remède énergique
tardait trop, il n'y aurait rien d'impossible
à ce que cette surexcitation d'une intensité
effrayante, criminellement souhaitée, favori-
sée par ceux-là mêmes qui avaient pour mission de la combattre, gagnât promptement les
parties jusqu'ici indemnes. La collectivité
jaune, si longtemps passive, incapable, croyait-

on, d'opposer aux assauts de la civilisation européenne autre chose que la force d'inertie, prendrait peu à peu conscience de sa valeur numérique, décidée dès lors à lutter en désespérée pour son indépendance, jetant le masque et montrant le poing.

En effet, s'il est en Chine un mot d'ordre susceptible d'être obéi sans discussion, capable — surtout venant de haut — de grouper dans une commune pensée et dans un même élan les populations si disparates, si divisées de l'immense empire, c'est à coup sûr le cri de : « Sus aux étrangers ! » Après plusieurs années de silence, d'effacement et de résignation apparente, on se persuadait volontiers que les temps étaient enfin révolus, que la Chine avait définitivement passé l'âge des velléités héroïques et combatives. Et voici que ce cri de mort et de défi, jeté tout à coup, nous déconcerte comme si nous l'entendions pour la première fois.

La vérité est que cette aversion pour l'étranger n'est pas chose nouvelle. Il est à remarquer, toutefois, que cette disposition d'esprit n'a jamais revêtu un caractère absolu, définitif. Elle s'est, au contraire, singulièrement modifiée — et aggravée — d'âge en

âge. Mais elle exista de tout temps et ne visait pas spécialement l'Occidental.

Avant même que le premier Européen eût mis le pied dans le Céleste-Empire, les Chinois professaient, pour tout ce qui n'était pas la Chine, un sentiment assez complexe. Ce n'était pas de la haine, encore moins de la crainte, mais plutôt une sorte de dédaigneuse indifférence. On ne redoutait pas l'étranger ; on l'ignorait. Il existait sans doute quelque part, on ne savait où, d'autres nations mais sans importance aucune, quantités négligeables, simples expressions géographiques considérées tout au plus par la cosmogonie indigène comme de vagues et brumeux satellites auxquels parvenait à peine, à la périphérie, le rayon émané de la Chine, foyer central.

Cette conception s'explique par l'isolement complet dans lequel la Chine a si longtemps vécu. N'ayant jamais été en rapport qu'avec les peuplades voisines qui, bientôt annexées ou tributaires, lui empruntaient tout ce qui fait du sauvage un civilisé : l'écriture, les rudiments des arts et des lettres, un code de lois morales, ce protectorat si facilement acquis devait fatalement développer chez elle la pleine conviction de sa supériorité. On ne

saurait s'étonner que, dans son orgueil de peuple élu, elle tînt en très médiocre estime le reste du monde.

Rien ne fait mieux comprendre l'attitude, non pas hostile, mais purement dédaigneuse observée au début par la Chine dans ses rapports avec les Occidentaux que la facilité avec laquelle les premiers explorateurs, moines ou laïques, accomplirent leurs longues pérégrinations dans le Céleste-Empire. Dès le VII° siècle, les Nestoriens y pénètrent et se répandent bientôt dans tout le Nord. Au XIII°, nous voyons Guillaume de Rübrouck, chargé d'une ambassade par Louis IX, pénétrer à Karakoroum et séjourner six mois auprès de Mangou-khan. En 1261, les deux frères Nicolas et Matteo Polo arrivent à la cour de Koubilaï-khan, qui leur fait excellent accueil, leur permet de résider, plusieurs années durant, dans ses Etats et de retourner en paix dans leur patrie. Ils ont été si satisfaits de leur voyage qu'à peine de retour à Venise ils se remettent en route. Cette fois messire Nicolas emmène avec lui son fils Marc, âgé de quinze ans. Il le présente à l'empereur et celui-ci, le voyant si jeune, demanda qui il était : « Seigneur, dit son père, messire Ni-

colas Polo, il est mon fils et votre homme. —
Qu'il soit le bienvenu », dit le seigneur [1]. Et
Marc devient le favori du souverain, reste à
son service dix-sept années consécutives, com-
blé d'honneurs, chargé de missions importan-
tes dans les diverses provinces de l'empire.

Quelques années après, frère Jean de Montcorvin, de l'ordre des franciscains, arrive à
Kambalick (Pékin), avec le titre de légat du
Saint-Siège. Il est accueilli avec faveur par
l'empereur Ou-Tsoung, qui lui donne ses libres entrées au palais et une place à la cour.

Vingt ans plus tard, c'est en qualité d'évêque métropolitain de Kambalick que ce même
Montcorvin reçoit la visite d'un moine de son
ordre, Odoric Mathiucci (de Pordenone), lequel vient d'accomplir un étonnant voyage,
a visité les Indes, Ceylan, Sumatra et Java.
Il est entré en Chine par Canton. De là, poursuivant sa route par terre, il a, par le Fou-
Kien, atteint Nan-King et Yang-Tchéou, d'où
il s'est dirigé, en suivant le Grand Canal, sur
Kambalick. Il demeurera trois ans dans la
capitale, puis, non content d'avoir parcouru
la Chine, du sud au nord, il entreprendra de

1. Marco Polo. — Ch. VI.

la traverser de part en part, de l'est à l'ouest,
et regagnera sain et sauf l'Europe par le
Chan-Si, le Sé-Tchouen et le Thibet.

Ce rapide schéma n'évoque pas à l'esprit
l'image d'une Chine obstinément close, hostile aux nouveaux venus. On les accepte alors ;
ces hommes, peu nombreux, n'ont rien d'inquiétant. Ils apportent, il est vrai, des idées
nouvelles ; mais en quoi ces idées sont-elles
subversives ? Le dieu inconnu dont ils se dé-
clarent les serviteurs ne menace point l'ordre établi. L'intransigeance religieuse n'est
pas monnaie courante en Chine et quiconque
a visité la moindre pagode a pu se convaincre
que le Panthéon chinois est très hospitalier.
Au surplus, s'ils se présentent comme messa-
gers de la bonne parole, ce rôle d'apôtre ou
d'éducateur qu'ils assument n'a quoi que ce
soit de blessant puisqu'il ne les empêche point
d'être vivement frappés par la civilisation chinoise et d'exprimer dans leurs lettres, en termes admiratifs, l'étonnement où les plonge la
vue du prodigieux empire dont l'Occident
soupçonne à peine l'existence. Il n'en faut
pas plus pour désarmer, si besoin était, les
susceptibilités ombrageuses de l'orgueil chinois qui voit dans cette admiration l'hom-

mage nécessaire rendu au civilisé par le barbare.

Après la chute de la dynastie mongole des
Yuén, l'attitude reste, à quelques nuances
près, la même. Les Ming, d'abord défavorables aux étrangers, s'humanisent. C'est l'é-
poque des missionnaires mathématiciens et
astronomes, des Ricci, des Cattaneo, des Adam
Schall. Sans doute le sentiment qu'éveille la
présence de ces hommes aventureux, venus de
l'Occident plein de mystère, s'est légèrement
modifié. Une vague défiance a remplacé l'indifférence première. On les observe ; les mandarins surtout et les lettrés éprouvent déjà je
ne sais quelle inquiétude, la crainte de voir
leur prestige intellectuel fort diminué par ces
redoutables concurrents en possession d'un
savoir singulièrement étendu, qui réforment
le calendrier, édifient des observatoires, fon-
dent pour l'empereur des canons et des fusils.
Aussi leur succès ne va-t-il pas sans quelques
traverses. Les vice-rois, hier comme aujour-
d'hui, presque indépendants au fond de leurs
provinces, envisagent parfois les choses sous
un autre angle que la cour. Canton persécute
à l'heure même où Pékin honore les « maîtres des secrets célestes », qui connaissent ad-

mirablement l'astronomie et ont appris, scruté tout ce qui concerne le ciel et l'homme ».

Ainsi parle le président du tribunal des revenus, chargé de publier l'édit de l'empereur Ouan-Li qui donne, pour servir de lieu de sépulture à Ricci, un vaste jardin aux portes de la ville, près du village de Cha-La-Eul. « J'ai fait, continue le rapporteur, graver sur la pierre cette inscription en témoignage des faveurs accordées par l'empereur aux étrangers et du désir qu'il a de traiter avec honneur ceux qui viennent de loin. »

La conquête tartare et l'avènement de la présente dynastie (Ta Tsing) marquent un instant critique. Les étrangers sont mal vus, et cela s'explique par les nécessités de la politique des nouveaux maîtres. Au moment d'assurer leur mainmise sur le vaste empire, les conquérants mandchous, conscients de leur infériorité numérique, appréhendaient que l'entreprise, déjà suffisamment délicate, ne fût compliquée encore par l'ingérence étrangère. Mais, de nouveau, tout s'apaise à la majorité de Kang-Hi. Le grand empereur veut rendre justice à tous ceux qui ont souffert durant sa minorité. Il annule les décrets des régents, réhabilite de la manière la plus solennelle la mémoire du père Adam Schall, le rétablit dans ses titres et anoblit ses ancêtres [1]. Son successeur, le père Ferdinand Verbiest, est nommé président du tribunal des mathématiques.

L'empereur, admirant la sûreté des méthodes européennes, va jusqu'à se faire son élève et lui demande de lui apprendre la géométrie... et la musique! C'est sous sa direction que sont fondus les nouveaux instruments pour l'observatoire, ces bronzes ouvragés à miracle dont la fine silhouette se détache sur les remparts massifs de Pékin, du côté de l'est, et qui, abandonnés depuis deux siècles et demi, semblent sortis d'hier des mains du ciseleur.

Il faut lire dans du Halde la description des funérailles véritablement royales que Kang-Hi a ordonnées pour son savant maître « qui a quitté, dit l'empereur, de son propre mouvement l'Europe pour venir dans mon empire, où il a passé une grande partie de sa vie, prenant soin des mathématiques, et dont les prédictions ne se sont jamais trouvées fausses, mais toujours conformes au mouvement du ciel; en toutes choses exact, diligent, fidèle,

1. Du Halde. — *Description de la Chine*. T. III.

constant dans le travail et toujours égal à lui-
même ». Devant le catafalque paraissait le
portrait du défunt avec l'éloge composé par
Kang-Hi et écrit sur une grande pièce de
satin jaune. Derrière le cercueil venaient l'on-
cle de l'empereur, un gentilhomme de la
chambre, cinq officiers du palais et une foule
de seigneurs à cheval. Cinquante cavaliers
fermaient la marche [1].

   C'est dans le courant de cette même année
(1688) que Louis XIV adresse à Kang-Hi la
lettre fameuse où il le traite de « très haut, très
excellent, très puissant et très magnanime
ami », lettre écrite de sa main et signée : « Votre très cher et bon ami, Louis. » Ce document
inaugure, sinon les relations de la France
avec la Chine, car ces relations sont déjà
vieilles, du moins les relations *officielles*, l'affirmation de la politique française dans les
affaires d'Extrême-Orient. « Les relations de
la France avec la Chine, écrit M. Archibald
Colquhoun [2], ont été considérables. C'est prin-
cipalement aux missionnaires français que
la Chine doit sa première connaissance de
l'Occident et l'Occident les plus anciens ren-

1. Du Halde.
2. A.-R. Colquhoun, *China in transformation*. Ch. II.

seignements relatifs à la Chine. Jamais un
gouvernement français n'envoya, comme d'autres l'ont fait, une mission à Pékin dans le
seul but d'obtenir des avantages commerciaux,
mais dès l'année 1289 Philippe le Bel recevait
des lettres lui suggérant le plan d'une action
commune avec la Chine et la Perse contre
leurs ennemis, les Sarrasins. »

On faisait alors, ou l'on essayait de faire,
en Orient, de la politique avec, peut-être, l'arrière-pensée de nouer plus tard, sous le couvert
de la politique, les relations commerciales.
Dorénavant, tout va changer. Une nouvelle
école renversera les termes de la proposition.
C'est sous le couvert du commerce que les nations occidentales s'efforceront d'étendre leur
influence politique en Chine. Il est permis
de se demander si le procédé était judicieuse-
ment choisi et de nature à grandir le prestige
européen dans un pays, foncièrement commerçant à la vérité, mais où pourtant le commerce est l'objet du plus profond mépris de la
part des classes dirigeantes, où le lettré le
plus infime considère de très haut le mar-
chand, si opulent soit-il.

Dès ce moment commence, avec l'entrée en
scène de l'*East India company*, la longue et

humiliante période des conflits entre mandarins et subrécargues, dans lesquels ceux-ci
finissent régulièrement par avoir le dessous,
satisfaits malgré tout d'un *modus vivendi* où
la cupidité du traitant, à défaut de la dignité
de l'Européen, trouvait son compte. « Pendant
plus de deux siècles, les relations générales
de la Compagnie des Indes orientales avec le
gouvernement chinois furent celles du trafi-
quant qui supplie et reconnaît très humblement l'autorité suprême du Fils du Ciel. Certes, les Chinois n'ont guère eu l'occasion de
voir l'étranger sous son beau côté. Il leur est
apparu sous l'aspect d'un être possédé par une
seule pensée : gagner de l'argent dans le commerce, en gagner à tout prix, comme une nature grossière adonnée aux plaisirs matériels,
une âme vulgaire et vicieuse, incapable d'apprécier dans la Chine sa philosophie, sa littérature ou son histoire et ne connaissant pas
même les lois les plus élémentaires de l'étiquette chinoise [1]. »

L'Europe, cependant, perd patience, fait
sentir sa force : elle exige, elle obtient l'ouverture de ports. Il est rare qu'elle laisse pas-

1. A.-R. Colquhoun, *China in transformation*,
pp. 51, 52.

ser une année sans arracher, sous forme de
cessions ou de concessions, une ou plusieurs
écailles au vieux dragon chinois. Politique, à
vrai dire, conduite de façon plutôt incohérente
et spasmodique, avec des alternatives de vio-
lence et de câlineries obséquieuses. Le Chinois, observateur très fin, avec ou sans bésicles,
a vite découvert le point faible de cette
politique d'équilibre instable où les compétitions aboutissent à des compensations que l'on
s'assure à ses dépens. Il discerne, à travers la
grandiloquence des traités, le choc des intérêts, les vues secrètes, le dessous des choses et
le ressort invisible. Mais, lorsque le mouvement enveloppant se précipite, quand il croit
voir les coutumes, les idées sur lesquelles il a
si longtemps vécu, ses méthodes, ses procédés
de travail, toute son organisation économique
et sociale à la veille d'être bouleversés sous
la poussée impitoyable, lorsqu'il entend discuter ouvertement par les chancelleries et par
les publicistes du monde entier le partage
éventuel de son pays, alors le mépris d'antan
devient colère et sa haine sauvage n'attend,
pour frapper, que l'occasion propice, un geste,
un signal venu de haut. Le signal a été
donné.

Telle est, croyons-nous, sommairement no-
tée, la gamme ascendante du sentiment
chinois vis-à-vis de l'étranger : indifférence dédaigneuse, défiance, mépris, antipathie, ani-
mosité sourde, exécration.

Qu'est devenu le prestige ancien ? Qu'il est
loin, le temps des impériales faveurs, des honneurs rendus à « ceux qui viennent de loin »,
le temps des éloges funèbres que l'empereur
libellait de sa main pour figurer au-dessus du
catafalque d'un maître révéré ! Aujourd'hui,
si la cour songe à faire porter quelque insigne
aux obsèques d'un étranger de marque, ce
n'est point, tracé sur satin jaune par un au-
guste pinceau, le panégyrique ému du mort ;
c'est sa défroque sanglante, c'est sa tête au
bout d'un pieu !

MARCEL MONNIER.   3

III

L'ÉDUCATION DE LA CHINE

Un des hommes qui ont le plus longuement et le plus sérieusement étudié le Céleste-Empire résumait ainsi, à la fin d'un ouvrage devenu classique [1] son jugement au sujet des chances d'avenir de la nation chinoise : « Ce livre n'a pas été écrit avec l'intention de louer ce peuple au delà de ses mérites. Nous avons signalé avec une entière franchise les défauts, les vices de la race, son esprit foncièrement étroit et superstitieux. Nous croyons toutefois avoir mis en évidence un grand fait, à savoir qu'il existe, dans le caractère indigène, des éléments qui, avec le temps, doivent tirer la Chine de la position terriblement arriérée

1. S.-V. Williams. — *The Middle Kingdom*, t. II.

dans laquelle elle est tombée et la placer au premier rang parmi les nations. » L'auteur, dont l'appréciation causera tout d'abord quelque surprise, fonde précisément son espoir « sur le tour d'esprit très positif des Chinois, sur leur manque d'enthousiasme et leur répugnance innée pour le changement », conditions qui lui « semblent devoir, non pas entraver, mais plutôt favoriser le développement de cette communauté ». Il y aurait, selon lui, « de sérieuses raisons d'espérer que la régénération de la Chine s'accomplira, comme le mélange du levain dans la pâte, sans faire craquer le vase ». Il ne peut cependant s'empêcher d'exprimer une crainte. Ce qu'il redoute surtout, — et c'est ce qu'il importe de retenir de ces conclusions qui datent d'un demi-siècle, — « c'est que l'on ne veuille aller trop vite dans la voie des réformes et que l'on ne jette bas le vieil édifice avant d'avoir préparé les matériaux de la construction nouvelle ».

L'idée d'une régénération de la Chine est, comme on dit, dans l'air depuis quelques années. Elle a servi de thème à des amplifications éloquentes, parfois même empreintes d'une émotion réelle, sur le rôle éducateur que

l'Europe avait non pas seulement le droit,
mais le devoir impérieux d'assumer vis-à-vis
de l'homme jaune. Certains critiques ont bien
essayé d'équivoquer sur la portée de ce devoir
et surtout de ce droit. Ils insinuaient que ce
droit de tutelle, autrement dit d'expropria-
tion, avait sa raison d'être à l'égard de peuplades sauvages dont la principale occupation
était la guerre et le mets favori la chair humaine. Un doute s'élevait dès qu'il s'agissait
d'en faire l'application à un peuple possédant
déjà une civilisation, étrange si l'on veut, mais
très ancienne, façonnée, qui plus est, spécialement pour lui, sur mesure, et très résistante à
l'usage. Mais c'étaient là, répliquait-on, subtilités d'esprits pointus qui ne méritaient pas
que l'on s'y arrêtât. Il ne s'agissait pas de discuter sur des abstractions, mais d'envisager
un fait, l'impossibilité de laisser indéfiniment
à l'écart, en marge de la civilisation (la nôtre), une fraction aussi considérable de l'humanité.

Il est clair que trop souvent ces grands
mots cachaient des préoccupations d'un ordre
moins élevé. Travailler à l'éducation des exo-
tiques, c'est bien ; s'assurer des débouchés,
par ce temps de pléthore commerciale et in-

dustrielle, c'est mieux encore, c'est même le
point capital. Il y eut néanmoins, il faut le
reconnaître, des âmes généreuses qui, sans
arrière-pensée de profit personnel, s'éprirent
de cette chimère d'une Chine régénérée, mo-
dernisée, libérée de ses vieilles routines, ad-
mise dans la fraternité des nations.

L'éducation de la Chine! Entreprise labo-
rieuse, de longue haleine et grosse de périls.
D'abord, la mauvaise volonté de l'élève était
manifeste. Il avait la tête très dure, la meil-
leure opinion de lui-même et le plus profond
dédain pour ses nouveaux précepteurs. Ce
sont là de déplorables conditions pour enseigner et il y avait de quoi décourager les vo-
cations pédagogiques les plus solides. Ensuite,
les maîtres eux-mêmes n'étaient point d'accord, tant s'en faut, sur les programmes et sur
les méthodes. Beaucoup préconisaient non pas
une réforme partielle, timide, telle que la
création d'écoles techniques dans lesquelles la
jeune génération serait initiée aux procédés
susceptibles de développer tant d'industries que
paralyse un outillage suranné et enfantin, où
son attention serait appelée sur les innombrables ressources naturelles encore inexploitées,
sur la richesse latente de son pays et sur les

moyens de la mettre en valeur. Ils voulaient mieux et plus. A les entendre, ce qu'il fallait à la Chine ce n'était rien moins que l'instruction publique organisée dans tout l'empire, l'enseignement intégral.

Le plan, à coup sûr, était vaste, mais réalisable, assuraient-ils, à la condition de prendre pour base du nouvel édifice l'une des plus anciennes institutions nationales, je veux dire le système des grands examens, des concours annuels et triennaux ouvrant l'accès des emplois publics. Il suffirait de le rajeunir, de substituer aux futiles commentaires de tel ou tel verset tiré des classiques, des sujets de compositions empruntés aux sciences modernes. Il ne serait plus question pour les infortunés candidats de donner le sens et la paraphrase d'une formule abstruse telle que la suivante, qui fut soumise, neuf jours durant, à leurs méditations, lors du concours triennal de Pékin en 1895. Voici quelle avait été, cette année-là, le texte concis sur lequel devaient peiner les concurrents : « Confucius a dit : « Ils étaient trois ! » Rien de plus. Et dix mille lettrés de tout âge et de tout poil, représentant la fleur des intelligences de l'Empire du Milieu, durent s'escrimer sur cette énigme,

s'inspirer de ce thème pour noircir nombre de
feuillets d'un pinceau délicat et disert! A
supposer qu'on ne pût supprimer purement et
simplement ces enfantillages, encore était-il
possible de les laisser subsister momentané-
ment, mais en leur attribuant, dans le résultat final, une importance très atténuée. La
place prépondérante serait accordée aux sciences appliquées, à la physique, à la chimie, aux
arts mécaniques. Si les examinateurs à l'avenir étaient des hommes éclairés, si l'on savait,
à n'en pouvoir douter, qu'à leurs yeux le savoir l'emportait sur le grimoire, la Chine stu-
dieuse suivrait le mouvement. Et l'on verrait
les millions d'étudiants s'élancer à la conquête
de ce nouveau champ des connaissances hu-
maines avec une ardeur au moins égale à celle
dont ils ont fait preuve jusqu'ici pour piocher
le sol ingrat des classiques.

Cet ingénieux programme avait, dans ces
grandes lignes, été repris par Kang-Yéou-Wei
et le parti des réformes. Le malheur est qu'ils
se crurent de force à opérer en trois mois, à
coups de décrets, une transformation qui, dans
les circonstances les plus favorables, eût exigé
un siècle, sinon davantage.

Peut-être aussi ces désirs d'une régénéra-

tion immédiate ne tenaient-ils pas assez
compte des dangers que présenterait la diffusion inconsidérée des idées et des méthodes
occidentales dans cette humanité vieillotte.
Accoutumée à se repaître de mots et de simulacres, pourrait-elle du premier coup s'assimiler la substance? La nouvelle alimentation
ne lui paraîtrait-elle pas bien indigeste? Qui
sait même si le remède, administré brutale-
ment, à haute dose, ne serait point fatal au
malade? Pour que la science soit féconde, il
ne suffit pas de lancer la semence au hasard
sur un terrain non préparé. On risque, en ce
cas, de voir lever fort peu le bon blé et beaucoup d'ivraie. Il faut les patients labours, les
assolements, le choix judicieux des graines.
Jeter aux Chinois la science à poignées, toute
la science, c'est dangereux! « Parmi les sciences dont l'avancement a le plus contribué à
transformer les conditions de la vie économique, industrielle et sociale, la chimie occupe
une place d'honneur. Il serait, néanmoins,
quelque peu paradoxal d'affirmer que la connaissance de la chimie, vulgarisée dans tout
l'empire, accélérerait la régénération de la
Chine. Etant donné le caractère du peuple,
serait-il très prudent de lui fournir tout à la

fois les produits chimiques en quantité illi-
mitée et les formules exactes pour la prépara-
tion de nos divers explosifs[1] ? »

Des esprits moins ambitieux et plus prati-
ques ont fait prévaloir un autre système. « Ce
qu'il faut à la Chine, ont-ils dit, ce ne sont
ni des théorèmes, ni des cours techniques,
mais des faits, des résultats palpables, la
science matérialisée dans ses applications les
plus saisissantes, la science concrète comme
stimulant ; c'est l'enseignement par l'exemple,
la « leçon de choses ».

L'idée était séduisante. Elle n'a pas donné,
elle ne pouvait donner les résultats attendus.
Supposer que la science européenne, considé-
rée dans ses résultats matériels, tangibles, pût
agir par contagion et devenir une force éducatrice ; voir en elle une cause efficiente de
relèvement pour la collectivité chinoise, c'é-
tait, nous semble-t-il, se méprendre étrange-
ment sur les termes, confondre l'effet avec la
cause. Notre civilisation, dans ses manifesta-
tions scientifiques, n'est point par elle-même
une cause, mais un effet, la résultante d'une
longue série de causes très complexes, d'évo-

1. Arthur H. Smith. — *Chinese Characteristics.*

lutions lentement accomplies au cours des
siècles. Seuls des esprits chimériques pouvaient s'illusionner au point d'espérer que la
Chine réaliserait du jour au lendemain des
progrès dont la conquête a coûté aux nations
occidentales tant de temps et d'efforts.

« Mais, le Japon? nous dira-t-on. Isolé si
longtemps, lui aussi, des autres peuples, pri-
sonnier d'antiques traditions, il vient pourtant
de les réaliser, ces progrès, en un quart de
siècle. Pourquoi donc la civilisation chinoise
demeurerait-elle figée dans ses formes cadu-
ques? Ne pourrait-elle, à son tour, regagner
le temps perdu, étonner le monde par une
évolution soudaine? »

L'objection était prévue. Elle pèserait, certes, d'un grand poids s'il était permis d'établir un parallèle entre deux contrées diamé-
tralement opposées l'une à l'autre, entre la
Chine démocrate, la plus relâchée des démo-
craties en dépit de son étiquette impériale, et
le Japon pétri, comme nous le fûmes nous-
mêmes, dans la main de fer de la féodalité.
Sans entrer dans des considérations qui exi-
geraient les développements du livre, il suffit
de rappeler que la révolution de laquelle est
issu le Japon actuel ne fut point le mouve-

ment spontané d'une foule, mais l'œuvre raisonnée d'une élite, une entreprise de féodaux résignés, dans l'intérêt supérieur de leur patrie, à sacrifier la féodalité, à unir les diverses fractions de la nation afin de faire face à l'étranger redouté. La tentative, pour réussir, supposait ces relations constantes, cet accord entre le peuple et les chefs, ces liens de confiance réciproque, de mutuelle assistance que des siècles de féodalité avait créés au Japon mais qui n'existent à aucun degré en Chine, pays sans aristocratie, sans noblesse héréditaire, aux mains d'un fonctionnarisme vénal et discrédité.

Ce qui surtout m'a frappé, en entendant maintes fois émettre cette hypothèse d'une transfiguration de la Chine inspirée par l'exemple japonais, c'est de constater que mes interlocuteurs ne renonçaient pas volontiers à l'idée, je dirais presque à l'espérance de voir leur rêve devenir une réalité. Il est clair qu'ils envisageaient cette renaissance comme un événement désirable, destiné à assurer non seulement le relèvement matériel et moral du Céleste Empire, mais par surcroît la paix du monde. Bonté divine! Si l'on en juge par l'attention soutenue avec laquelle les puis-

sances européennes doivent suivre désormais
la politique du Japon en qui elles devinent,
non sans raisons, le facteur important, peut-
être même décisif, dans les complications fu-
tures de l'Extrême-Asie ; quand on considère
la place que tiennent dans les préoccupations
des nations occidentales l'empire rénové du
Soleil Levant et ses quarante millions d'âmes,
on se demande avec terreur ce qu'il advien-
drait de nous si la destinée eût permis que la
Chine fût élevée à la même école d'énergie et
d'action que ses voisins de l'Est. En présence
de quatre cents millions d'hommes entrepre-
nants, passionnés pour le métier des armes,
l'Europe eût pu trembler. Elle doit s'estimer
heureuse que ses efforts inconsidérés pour développer chez les Célestes l'esprit d'initiative,
le sentiment de leur force et les moyens de
s'en servir, n'aient abouti qu'à rendre plus
fréquentes et plus dangereuses pour nous les
secousses intestines qui, périodiquement,
ébranlent cette masse incohérente sans parvenir à la jeter hors de ses frontières. Il y a
quelque chose de providentiel dans cette immobilité d'une race jamais conquérante, toujours conquise, douée surtout d'une force attirante, absorbant le vainqueur mongol ou

tartare, mais ignorant les longs espoirs, le souci des temps futurs, ravie dans la contemplation du passé. -

Ne souhaitons pas trop que cette Chine, où les morts commandent, soit gouvernée par des vivants.

IV

LES « LEÇONS DE CHOSES » ET LE CULTE
DU PASSÉ

Les leçons de choses données à la Chine par
l'Europe ont été nombreuses. La Chine a eu
mainte occasion d'apprécier les mérites de
notre civilisation, les applications des plus récentes découvertes et leurs avantages de tous
genres, en particulier les avantages matériels,
les seuls qui soient de nature à émouvoir l'esprit essentiellement positif du Chinois. Elle
a sous les yeux depuis bientôt un demi-siècle
les merveilles de la vapeur et de l'électricité,
les villes modèles aménagées avec tous les
raffinements du confort et de l'hygiène. Elle
a vu successivement sur un roc désolé s'étager
Hong-Kong, ses palais et ses jardins ; Shanghaï, dans sa parure un peu cossue, émerger
des marécages du Houang-Pou ; Tien-Tsin re-

fouler, sous le béton de ses quais et de ses
boulevards, les boues fétides du Peï-Ho ; elle
a vu Shameen, l'îlot européanisé qui semble,
près de la sordide Canton, un yacht de plai-
sance ancré dans le grouillement de la rivière
des Perles.

Les Chinois ont eu loisir d'observer tout
cela. Quel profit appréciable ont-ils retiré de
cet enseignement par l'exemple ? Pas le moindre. L'idée leur vint-elle de bâtir dans les in-
fâmes cloaques de leurs cités quelque quartier
modèle, d'y pratiquer çà et là de larges
trouées ? Ont-ils songé à faire circuler dans
ces abîmes de puanteurs un peu d'air respi-
rable ? En admettant que, par impossible, un
seul fût assez osé pour mettre en avant pareil
projet, il est infiniment probable que l'initiative de cet Haussmann ou de cet Alphand
indigène s'arrêterait court devant l'opposition
énergique et peut-être furibonde de ses concitoyens.

Dans l'ordre administratif, la leçon se pro-
longe depuis cinquante ans sans que l'exemple ait suscité des imitateurs. Il était permis
d'espérer que l'organisation si complète et le
fonctionnement régulier des douanes impériales maritimes, d'où la Chine tire le plus

clair de ses revenus, lui suggérerait le désir
de mettre ordre au chaos de son administra-
tion intérieure, d'épurer enfin son fonctionnarisme gangrené jusqu'aux moelles. Il n'en fut
rien. Je ne suis même pas éloigné de croire
que la Chine officielle personnifiée par la
classe mandarine et lettrée, éprouve au fond
de l'âme, pour les Européens qui ont créé de
toutes pièces au profit du Céleste Empire cet
instrument de richesse, un sentiment très différent de la reconnaissance. D'abord, ce que
l'on pardonne le plus difficilement c'est le service rendu. Ensuite, les personnages en place
ou ceux qui aspirent à le devenir ne sauraient, de toute évidence, regarder sans un
vif déplaisir ces étrangers dont l'ingérence a
pour premier effet de les frustrer de la grasse
prébende qu'ils n'eussent point manqué de
prélever aux dépens du Trésor public. Aussi
m'est-il impossible de me ranger à l'opinion
parfois émise que, dans l'éventualité d'un massacre, des hommes tels que sir Robert Hart et
ses collaborateurs seraient, dans une certaine
mesure, protégés contre l'explosion des haines
anti-étrangères par leur qualité de fonctionnaires chinois. Ma conviction est, au contraire, qu'ils seraient tout spécialement visés,

non seulement par la foule furieuse, mais par les chefs du mouvement, y compris leurs collègues jaunes, heureux de se débarrasser enfin d'une surveillance intègre mais importune, et de se venger de ces trouble-fête.

L'influence éducatrice de l'exemple sur le Chinois a donc été nulle. Le contact des hommes et des choses d'Occident n'a pas réussi à entamer les préjugés de ce peuple, d'éveiller en lui la perception d'un idéal plus élevé. Des Occidentaux, il a surtout remarqué les travers et les faiblesses. Quant aux progrès de notre civilisation, dont nous sommes si fiers, il y est parfaitement insensible. Il ne prend même pas la peine de les discuter ; il les ignore. Ou, s'il daigne les apercevoir, c'est d'un regard distrait, amusé parfois, sans se départir un instant de son indifférence hautaine. Les conditions meilleures de l'existence, telles que nous les concevons, l'ordre, l'hygiène, la facilité des transactions, les moyens de transports rapides, la machine centuplant l'effort individuel, ce sont là choses dont il n'éprouve ni le besoin, ni le désir.

Cette insouciance du confort et du bien-être dans toutes les classes de la population est un des traits les plus saillants de la race.

MARCEL MONNIER.   4

Le mandarin qui voyage s'accommode du plus
triste gîte : auberge fétide, pagode en ruines,
un angle de boutique, un hangar, un auvent,
une écurie, tout lui est bon. Souvent même,
il trouvera naturel de s'installer pour la nuit
dans son chariot dételé, brancards en l'air.
J'ai vu des personnes de haut grade s'étendre,
sans dégoût, sur une natte à demi pourrie et
reposer voluptueusement, la tête appuyée sur
une bûche ou sur une brique, dans le vacarme
de l'hôtellerie pleine, au milieu des relents de
graillon et de la fumée des pipes. Ceux-ci,
d'ailleurs, sont les raffinés. En ce qui concerne les hommes d'existence rude, leur absence de nerfs tient du prodige. Il n'est pas
rare de voir, en plein été, aux abords de quelque chantier, un coolie faire sa méridienne et
reposer du sommeil du juste, couché en travers de deux brouettes.

Le négligé des intérieurs est non moins remarquable. Il touche au sublime, c'est à
croire qu'il y a là comme un effet de l'art, une
sorte de coquetterie dans l'ordure. Aux di-
mensions près, le yâmen vice-royal et la demeure du petit bourgeois présentent le même
aspect, le même caractère de malpropreté et
d'incurie. En haut comme en bas, l'inachevé,

l'à-peu-près, l'escabelle branlante, la table veuve d'un pied, le carrelage en miettes et, dans les carreaux de papier de la fenêtre, des jours de souffrance pratiqués d'un doigt furtif par quelque observateur indiscret ; partout des détritus qui traînent, des hardes maculées, des crachats à profusion, tandis que, dans l'air ambiant, de redoutables effluves attestent que le salon est contigu aux latrines. Mais invariablement, sur un cartouche pendu à la muraille lépreuse, s'étalent quelques caractères évoquant à l'esprit des images plus riantes, nids d'oiseaux ou printemps fleuri.

En cela s'affirme une autre faculté non moins significative de la race qui se satisfait à bon compte et se contente du mot ou du symbole sans exiger l'objet. Deux amis se rencontrent et, comme l'exige le savoir-vivre, échangent aussitôt leurs tabatières de porcelaine. Il arrive fréquemment que les fioles sont vides. L'un et l'autre n'en font pas moins, sans sourciller, le geste attendu et continuent leur chemin, absolument réconfortés par cette prise imaginaire.

Les Chinois, on le sait, ne se font pas faute de tourner en ridicule la manière de se vêtir des Occidentaux. Ils trouvent notre costume

étriqué, grotesque, inconvenant, et lui préfè-
rent avec raison leurs vêtements amples. Cependant s'ils raillent la coupe, ils apprécient
l'étoffe. Un des rares articles de provenance
étrangère qu'ils admirent sans réserves, c'est
le drap, si grossier soit-il. Que de fois, dans
l'intérieur, me trouvant en visite chez un no-
table, n'ai-je pas surpris le maître du logis en
train de palper, avec une curiosité extrême,
la manche de ma veste. Il communiquait aux
assistants le résultat de ses observations, et
la compagnie discutait. Venait ensuite une
enquête en règle sur les éléments constitutifs
de ce singulier tissu. On n'oubliait pas d'a-
jouter qu'il devait, sans aucun doute, coûter
fort cher et qu'apparemment des raisons de
sage économie empêchaient seules les Européens de se faire confectionner des habits
longs suivant la mode chinoise si séante et si
bien portée. A quoi je répondais gravement
que cette étoffe était d'un prix moins élevé
que la soie, mais que dans nos pays, l'usage
voulait que le vêtement fût ajusté. Le costume chinois nous paraissait aussi étrange
quand, par hasard, nous l'apercevions en Europe. Mais chacun avait soin de garder la remarque pour soi, car nos usages exigeaient

également qu'un homme de bon ton s'abstînt
de critiquer les coutumes et le costume d'un
étranger, son hôte. Mon interprète indigène
a-t-il toujours transmis ma réplique fidèle-
ment, mot pour mot? Je n'en jurerais pas.
En revanche, ce dont je suis sûr, c'est que les
Chinois examinent avec un intérêt soutenu
nos tissus de laine qui n'ont cependant pas
pour eux l'attrait de la nouveauté. Ils les
connaissent depuis longtemps mais n'ont jamais, que je sache, tenté de les reproduire.

Il est même surprenant que cette nation
industrieuse, dont les marchands exportent,
bon an mal an, par milliers de tonnes, les toi-
sons de Mongolie et du Thibet, ne se soit point
avisée de tisser la laine. Elle s'en tient à la
soie et aux cotonnades, d'un usage éminemment
agréable en été, mais d'une protection peu
efficace pendant les rigoureux hivers de la
Chine du Nord. Le Chinois aisé remédie à cet
inconvénient à grand renfort de fourrures.
Le populaire se défend contre les frimas par
une triple ou quadruple carapace de caleçons
et de paletots capitonnés de ouate. Harnaché
de la sorte, le pauvre diable se meut péniblement, jambes écartées, bras en croix, sans
grâce aucune. Au moindre faux pas, c'est la

chute certaine et il ne devra d'être remis sur
ses pieds qu'à l'aide charitable d'un passant.
Rien n'y fait : c'est la défroque des aïeux, la
vieille mode, la vraie, la bonne. A quoi bon
changer? Ainsi va la Chine. Les produits de
la civilisation européenne l'étonnent parfois,
provoquent chez elle le sourire de l'enfant devant un nouveau jouet, non l'admiration ni
l'envie. Elle ne regarde pas vers l'avenir, mais
demeure hypnotisée par les idées et les choses
d'autrefois que la tradition sanctifie, captivée
par le bon vieux temps qui reste pour elle,
plus que pour tout autre peuple, l'âge d'or.

Cette tendance à décrier le présent et à
exalter le passé n'est point spéciale à la
Chine. On l'observe, à des degrés divers, chez
tous les peuples, dans tous les siècles. Serait-
ce que les nations, comme les individus, ché-
rissent surtout dans le passé le souvenir de
leur jeunesse? C'est possible. Quoi qu'il en
soit, la prédilection pour les temps abolis atteint en Chine son maximum d'intensité. Ailleurs, ce n'est qu'un penchant irraisonné, une
vérité de sentiment. Ici c'est un culte, un acte
de foi et d'adoration, d'une sincérité absolue,
en fait la seule religion qui ne trouve pas
d'incrédules. Tout ce qui compte en ce monde,

tout ce qui est parfait vient des anciens qui le tenaient eux-mêmes de leurs aïeux. Ceux-ci n'en étaient également que les dépositaires et l'avaient reçu intact des générations précédentes. On remonte ainsi, à l'infini, le cours des âges pour rencontrer toujours des intermédiaires, mais non les initiateurs qui demeurent à jamais insaisissables, à l'état mythique, dans le vague de ces temps fabuleux où l'humanité s'épanouissait dans la félicité de son innocence première. C'est l'inverse de la théorie, autrement féconde, du mal originel et de la perfectibilité humaine.

Aux yeux des Chinois, la fleur, l'essence de l'antique sagesse ne s'est point évaporée avec le temps. Elle subsiste, synthétisée, cristallisée dans la littérature chinoise. Le plus haut titre de gloire de Confucius et de ses émules est d'avoir sauvé et transmis ce diamant pur. C'est parce qu'ils ne se présentèrent pas en précurseurs, en apôtres d'une nouvelle doctrine mais en continuateurs pieux qu'ils sont vénérés comme des saints. Leur voix resta dans l'oreille des foules précisément parce qu'elle n'était qu'un écho du passé. On comprend dès lors la vénération profonde, intransigeante des Célestes pour leurs classi-

ques. Dans leur pensée, ce grimoire est autre
chose qu'un trésor littéraire, beaucoup mieux
qu'une encyclopédie. C'est le livre, le verbe
sacré. Pour qui sait l'entendre, il contient
tout. Un lettré de valeur n'a pas de peine à
y découvrir en germe la plupart des inventions modernes. Pressez-le tant soit peu et il
entreprendra de vous démontrer, texte en
main, que Confucius et Mencius ont pressenti
la locomotive, les téléphones et les automo-
biles. S'ils n'abordèrent ces sujets qu'à mots
couverts et sans y insister, c'est que les temps
n'étaient point mûrs et qu'ils tenaient à laisser dans l'ombre toute cette magie dont la
divulgation eût été plus nuisible qu'utile au
bonheur des peuples.

Il y a même, ce me semble, dans cet orgueilleux parti pris de considérer les découvertes européennes les plus récentes non
comme des nouveautés, au sens exact du mot,
mais simplement comme les conséquences de
principes posés dès longtemps par les sages
de la Chine ; il y a là peut-être, disons-nous,
une indication précieuse, de nature à faciliter singulièrement les relations entre l'inno-
vateur étranger et le Chinois conservateur.
Nous y reviendrons. Il suffit pour l'instant de

nous expliquer la raison d'être de ce respect idolâtre pour les vieux us légués par les vieux livres. Cette littérature, en définitive, a modelé la Chine et ce qui lui tient lieu de gouvernement. Le système, théoriquement admirable, est, dans la pratique, l'abjection même. Il n'en est pas de plus incohérent, d'aussi corrompu. Les abus, accumulés d'âge en âge, ont recouvert, au point de la rendre méconnaissable, la large et harmonieuse fresque de gouvernement familial esquissée par les premiers législateurs. Ils foisonnent comme l'herbe folle, élargissant peu à peu les lézardes ; ils s'entre-croisent, se nouent, comme les lianes des forêts vierges, en un lacis inextricable.

Ce gouvernement, si défectueux soit-il, possède du moins une qualité de premier ordre : il a la vie dure. Tel nous l'observons, tel il était ou peu s'en faut, il y a des milliers d'années, alors que des puissances depuis longtemps défuntes n'avaient point encore vu le jour, avant qu'eussent été posées les premières assises de Babylone et de Ninive, de Rome et d'Athènes. Ces Etats sont devenus poussière ; lui est toujours debout. On s'attache d'instinct aux anciens édifices sur lesquels les éléments et les siècles ont étendu leur glacis décevant qui dissimule les tares et les trous. Ils préservent mal des averses et des bourrasques. Et cependant on les aime. C'est ce genre d'attachement que le Chinois éprouve pour ses vieilleries. Toucher à tout ou partie de ces traditions et de ces coutumes équivaudrait à un sacrilège, à la profanation du tabernacle du saint des saints !

L'horreur invétérée du changement, tel est donc le trait caractéristique du Céleste. Néanmoins, en Chine comme ailleurs, la règle souffre exception, la théorie parfois plie devant le fait. Les coutumes sont résistantes mais non pas immortelles. Malgré tout, de loin en loin, on innove. L'un des exemples les plus connus est celui de la coiffure mandchoue imposée par le vainqueur. Le Chinois dut échanger sa chevelure longue pour la natte, signe de la défaite et de la soumission. Longtemps il refusa d'obéir aux édits de ses nouveaux maîtres et seule la terreur eut raison des récalcitrants. Des milliers de têtes tombèrent. On retrouve aujourd'hui encore trace de ces protestations dans le bonnet des Cantonais, des campagnards du Fou-Kien et jusqu'au Sé-Tchouen où beaucoup de paysans nouent encore sur leur crâne le foulard destiné autrefois à cacher la tresse abhorrée. La mode a persisté bien que la cause qui la fit adopter ait disparu de la mémoire des hommes. A l'heure actuelle les Chinois, du petit au grand, portent avec fierté l'emblème du vasselage que naguère ils n'acceptèrent pas sans douleur. Je dis naguère, car le fait date seulement de trois siècles, ce qui n'est qu'un instant dans l'histoire si longue de ce peuple.

Il est, chacun sait cela, de tradition constante en Chine qu'un homme, au décès de son père ou de sa mère, doit sur l'heure et quel que soit son grade dans le mandarinat, renoncer à toutes ses fonctions et s'ensevelir pendant trois ans dans la retraite, uniquement occupé aux prières et aux offrandes propitiatoires prescrites par les rites. C'est là plus qu'une coutume, c'est un devoir de piété filiale, d'observance étroite dans tout l'empire ; nul en principe ne saurait s'y dérober sans crime. Cependant, il y a quelques années, lorsque le personnage le plus important de la Chine après l'empereur, lorsque le vice-roi Li-Hung-Chang perdit sa mère et fit immédiatement parvenir au trône sa démission respectueuse, la démission ne fut point acceptée. Il reçut l'ordre de conserver son poste, continua ses loyaux services, et cela ne scandalisa personne.

Autre exemple, moins illustre. Un Chinois, à mon service depuis plusieurs années, recevait, il y a quelques mois, une lettre de sa famille. Comme je lui demandais s'il avait de bonnes nouvelles des siens, il répondit, sans qu'un muscle de son visage trahît son émotion intime : « Mon père est mort. »

Je reçus la communication d'un air pénétré, avec les condoléances de rigueur en pareil cas, ajoutant que sans doute cette triste circonstance l'obligerait à regagner son pays. Il était libre de partir dès qu'il le jugerait bon ; je lui retiendrais son passage sur l'un des prochains paquebots. Mais, à ma vive surprise, il déclara ne songer nullement au départ.

— N'en parlons plus, lui dis-je. Si je t'ai fait cette proposition, c'est que l'usage est chez vous, quand on a perdu son père...

Il ne me laissa pas achever ; et, pour s'excuser apparemment de contrevenir à la coutume, murmura :

— Il était vieux, si vieux !...

Cela fut détaché du bout des lèvres et accompagné non pas d'un sourire, qui eût été

déplacé, mais d'une sorte de petit glousse-
ment, oh! contenu, discret! Comme glousse-
ment, c'était très convenable, mais à peine
suffisant comme oraison funèbre. Il n'en est
pas moins acquis que mon boy, pas plus que
Li-Hung-Chang, ne démissionna pour aller
méditer auprès d'un cercueil.

Je crois que, s'il était possible d'examiner
de près la vie privée du Chinois, si herméti-
quement murée, on s'apercevrait que ces déro-
gations à des coutumes sacro-saintes ne sont
pas rares. On ne constate pas sans étonnement
que, chez lui, le respect religieux des vieux
us se concilie très bien avec la faculté de créer
des précédents. Ces précédents sont établis
sans discussion : on n'a garde de chercher à
les justifier. Ils sont parce qu'ils sont et ac-
quièrent insensiblement la pleine autorité de
la tradition.

Il est évident, toutefois, qu'un certain laps
de temps est nécessaire à cette consécration
du fait accompli. Si l'on ne perd pas de vue
cette vérité élémentaire on évitera de précipiter les innovations. La prudence voudrait
que l'on procédât par intervalles, à doses en
quelque sorte homéopathiques. Sans aller jusqu'à exiger, entre chaque expérience, une pé-

riode d'attente quasi séculaire, encore est-il permis de se demander si, dans ces dernières années, notamment lors des tentatives poursuivies à l'effet de modifier de fond en comble les conditions économiques et sociales de la Chine par la création de voies de communication rapides et d'industries nouvelles, on n'a pas un peu trop brusqué le mouvement. La civilisation n'avance pas ainsi par saccades, pas plus qu'elle n'éclôt tout à coup. Il faut, pour préparer son essor, sa grandeur et sa durée, le patient labeur des siècles.

V

LA CONQUÊTE INDUSTRIELLE

La rénovation économique et industrielle du Céleste-Empire, conception hardie, n'était point pourtant pure chimère. Tout arrive, et l'Orient lui-même, dans son apparente immobilité, subit la loi du mouvement universel. Seulement les évolutions de ce monde si éloigné, si différent du nôtre, s'accomplissent avec une telle lenteur qu'elles échappent à notre vision très limitée dans la durée et dans l'espace. Il en est de lui comme de ces corps stellaires qui, par l'effet de l'immensité des distances, nous semblent toujours fixes au même point du ciel. La vérité est qu'ils se meuvent, mais nous ne pouvons regarder assez loin ni assez longtemps.

L'erreur des Occidentaux impatients de

remuer et de vivifier cette masse inerte qu'est
la Chine fut de prétendre opérer la métamor-
phose sans ménagements, de haute lutte.
L'œuvre n'était pas de celles dont une même
génération peut se flatter de contempler l'é-
bauche et l'achèvement. A tout ce qui doit
grandir, à tout ce qui doit durer, il faut l'aide
du temps. Voulant faire grand, on commit la
faute de vouloir faire vite.

Chaque fois qu'un choc plus ou moins rude
a paru ébranler le colosse jaune, l'événement
a été salué par ce cri de victoire : « La Chine
va s'ouvrir! » Jamais cette clameur prophé-
tique n'a retenti avec plus de persistance
qu'au lendemain de la guerre sino-japonaise.
La Chine, assurait-on, instruite par la défaite,
allait sortir de son long rêve, s'éveiller enfin
au sentiment des réalités. Les savants docteurs
européens n'avaient qu'à préparer en toute
hâte leurs formules et leurs trousses ; ils seraient, avant peu, mandés au chevet de la
grande cliente si longtemps espérée. C'est aux
représentants d'une civilisation tenue jusqu'a-
lors pour suspecte que la moribonde, en déses-
poir de cause, ferait appel. Elle abjurait, en
ce pressant besoin, ses défiances, ses craintes
superstitieuses. Elle s'abandonnait, aveuglé-

ment, sans retour, aux mains des praticiens éclairés, acceptant d'avance leur verdict, le traitement si douloureux fût-il, les drogues, les révulsifs et même, s'il le fallait, l'intervention chirurgicale. Ils pourraient à loisir jouer du scalpel et du bistouri, tailler, rogner, cautériser. Le sujet subirait tout sans un cri, sans une révolte des nerfs ou des muscles ; il rendrait grâces aux vivisecteurs et ne lésinerait pas sur les honoraires.

Aussitôt la paix conclue, les aventureux pionniers, mobilisés par des syndicats divers, avaient fait irruption dans la capitale chinoise. A la file, ils arrivaient sur les pistes boueuses, qui en charrette, qui à cheval, d'autres à bourrique. Ils s'engouffraient sous la sombre porte de Hata-Mèn, puis, tournant court à gauche, poussaient intrépidement à travers les cloaques et les fanges de la rue des Légations. De ma vie je n'oublierai le coup d'œil que présentait à cette époque le modeste immeuble d'architecture chinoise, remanié tant bien que mal à l'usage des Européens, et que signalait, en lettres d'or, aux arrivants l'inscription suivante, inattendue en pareil lieu : « Hôtel de Pékin ! »

Ils étaient là quinze ou vingt de toutes nationalités, accourus dans l'espoir de la curée prochaine, le portefeuille bourré d'avant-projets, plans, devis et autres documents non moins persuasifs. Tous, au demeurant, sur la défensive, chacun épiant son voisin avec des yeux de fauve, dans la crainte de se voir arracher le morceau convoité, concession de mine, de voie ferrée, fourniture d'armes ou monopole quelconque. Ces messieurs, dont plusieurs trimballaient avec eux femme et marmots, ne manquaient pas de se donner pour de simples globe-trotters ou amateurs de bibelots rares, également jaloux d'aller admirer la Grande Muraille et de collectionner des potiches. Toutefois, ils n'excursionnaient guère si ce n'est entre l'hôtellerie et leurs légations respectives. prolongeant peu à peu leur séjour, jamais découragés, armés d'une confiance tenace et répétant en chœur, dans les causeries de la table d'hôte où les convives se communiquent les impressions de la journée : « La Chine va s'ouvrir ; la vieille Chine s'en va ! » Cela était énoncé parfois d'un ton mélancolique, avec le regret de l'artiste qui voit une maison de rapport s'élever sur l'emplacement de la pittoresque bicoque drapée de lierre et de mousse.

Un an plus tard, après un long voyage dans

les provinces du Centre, de l'Ouest et du Sud-
Ouest, je retrouvais mes gens autour de la
table d'hôte pékinoise. Les physionomies cette
fois n'exprimaient plus seulement l'espoir
mais la certitude, la joie du triomphe. Celui-
ci avait en poche l'autorisation d'édifier ses
usines ou d'exploiter son filon, celui-là sa concession de chemin de fer en bonne et due
forme. Les moins favorisés parmi ces messa-
gers de paix emportaient quelque petite com-
mande d'engins de guerre, torpilleur ou mi-
trailleuse. Il n'était plus question d'une Chine
prête à s'ouvrir ; on ne parlait plus au futur
mais au présent : « La Chine est ouverte ! »

Cette belle assurance ne laissait pas de me
surprendre tant elle me semblait en contra-
diction avec ce que j'avais vu, ou cru voir ;
car nul en Orient ne peut se vanter de n'être
pas dupe des apparences. Après tout, peut-
être m'étais-je trompé. A considérer de trop
près les hommes et les choses, on s'expose à
juger mal ; l'observateur, par un phénomène
de grossissement assez fréquent, risque de
s'exagérer les obstacles et de s'alarmer pour
des vétilles. Rien ne facilite la solution de
certains problèmes comme de les étudier, non
pas à la loupe, mais de très loin ou de très

haut, dans leur ensemble. A tort ou à raison, le fait est que les impressions recueillies pendant une année de séjour à l'intérieur ne me décidaient point à envisager le présent ni l'avenir sous des couleurs aussi riantes. Et pourtant je dois reconnaître que le voyage s'était accompli dans les conditions les meilleures : je n'avais pas rencontré, du fait de l'homme, toutes les difficultés auxquelles j'étais en droit de m'attendre. Sans doute l'accueil avait été presque partout très froid, mais sans cesser d'être correct. Jamais je n'avais été l'objet d'une démonstration nettement hostile, à moins de tenir pour hostilités sérieuses les invectives de la marmaille, auxquelles, de temps à autre, se mêlent quelques cailloux ; mais ce sont là des gentillesses qui ne tirent point à conséquence et dont on peut obtenir un avant-goût sans qu'il soit besoin de pénétrer au cœur du pays. Somme toute, pas une seule fois je n'avais éprouvé le pressentiment d'un péril réel, imminent. La Chine s'était montrée à mon égard sinon avenante, empressée — ce qui serait trop exiger d'elle — mais en définitive pacifique et bon enfant. L'impression n'en restait pas moins mauvaise.

Il est toujours un peu gênant de se citer

soi-même. Cependant, comme il n'y a pas
beaucoup de façons d'exprimer les idées simples, je ne crois pas pouvoir faire mieux que
de copier à ce sujet, sur mon carnet de route,
dont la plupart des feuillets ont passé sous
les yeux des lecteurs du *Temps*, la note suivante écrite en 1896, au fond du Sé-Tchouen :
« La Chine ne me paraît pas devoir justifier
de sitôt ces grandes espérances ; elle ne songe
nullement à modifier sa ligne de conduite, à
faire tomber ses antiques barrières. Elle s'ef-
forcerait au contraire d'en élever de nouvelles.
Son premier mouvement oppose à toutes les
suggestions un *non possumus* obstiné. Cependant, objectera-t-on, la construction prochaine de chemins de fer, au Nord comme au
Sud, semblerait indiquer qu'elle entre enfin,
et franchement cette fois, dans la voie du progrès. A peine est-il besoin de faire remarquer
qu'il s'agit, dans l'espèce, non d'un effort
spontané mais d'une nécessité subie, de concessions inévitables que la diplomatie ne lui
a pas arrachées sans douleur. En revanche, il
est aisé de reconnaître, à mille indices, que
l'opposition systématique aux idées et aux
entreprises européennes n'a pas désarmé. Ces
résistances sont surtout appréciables dans

l'intérieur. La Chine n'a rien appris, ne veut rien apprendre. »

Cet état d'âme n'est que trop manifeste aujourd'hui. La mauvaise volonté d'hier, la force d'inertie, les réponses dilatoires ont fait leur temps. A l'heure actuelle, c'est le refus brutal, féroce. S'il est intolérable que les Chinois, passant de la parole aux actes, affirment leurs répugnances par des procédés barbares, encore faut-il avouer que ces répugnances étaient en partie fondées. Peut-être n'eussent-elles pas revêtu ce caractère d'intransigeance haineuse si les étrangers désireux d'introduire dans le pays des industries nouvelles avaient eu tout d'abord pour but avéré de faire œuvre véritablement créatrice, de mettre en valeur la richesse latente, le gisement inexploité. La place ne manque pas en Chine pour de grandes entreprises qui ne troubleraient en rien le genre de vie, les habitudes, les traditions invétérées des possesseurs du sol.

On se représente parfois, et bien à tort, la Chine comme une ruche immense et pourtant trop étroite pour contenir le prodigieux essaim de jour en jour accru. Il s'en faut de beaucoup que la terre manque à l'homme. La population est considérable mais très inégalement répartie. Dans la même province on rencontre des agglomérations pullulantes et des régions à peu près désertes, ce qui ne veut point dire que le sol et le sous-sol y soient sans valeur. C'est sur ces territoires jusqu'ici improductifs que l'Européen eût pu, sans grand danger, risquer ses premières expériences. Autre chose est de se substituer, comme on est trop souvent tenté de le faire, à des industries déjà existantes, conduites il est vrai suivant des méthodes puériles et disposant d'un outillage suranné, mais, telles quelles, réussissant à faire vivre une collectivité nombreuse. Du moment où l'organisation du travail, si primitive soit-elle, répond aux exigences du milieu, aux conditions de la vie sociale, aux coutumes et aux besoins de la population, toute tentative ayant pour objet de changer de fond en comble les errements sur lesquels tant de générations ont vécu ne serait pas acceptée sans lutte.

J'ai eu la sensation très nette de ces appréhensions populaires durant mon séjour dans l'une des provinces les plus étendues, les plus riches et les plus peuplées de l'empire, le Sé-Tchouen. Tandis que les districts de l'Ouest, c'est-à-dire les deux tiers de la province, restent délaissés, occupés seulement par quelques tribus semi-indépendantes, la population, tassée dans le Centre et l'Est, donne à sa manière et depuis une vingtaine de siècles, un assez bel exemple d'activité industrielle. L'exploitation des nombreuses salines comprises dans le vaste triangle que forment le Yang-tsé-Kiang, le Min-Kiang et la rivière Sé-Tchéou est particulièrement curieuse. Le seul centre de Tsé-Liou-Tsin compte quinze cents à deux mille sociétés minières occupant, autour des puits d'eaux-mères et de gaz minéral que la sonde révèle dans les grandes profondeurs, une agglomération de près de trois cent mille âmes. Cette population, très remuante, est fort mal disposée vis-à-vis des étrangers, précisément parce qu'elle n'ignore pas que ces étrangers ont jeté leur dévolu sur son territoire. Ils y seraient à la rigueur tolérés sinon bienvenus, s'ils consentaient à se confiner dans le rôle de conseillers bénévoles. Peut-être apprécierait-on le concours d'ingénieurs qui enseigneraient les moyens de capter, en même temps que les eaux salées et le gaz naturel, les nappes de pétrole inutilisées jusqu'à présent. Mais, du jour où l'on verrait en eux des concurrents, la situation changerait ; ce serait la guerre ouverte.

Après tout, ces défiances, toujours en éveil, n'ont rien d'extraordinaire. Ces gens lutteraient pour l'existence. Ils n'ignorent pas que trois ou quatre usines à vapeur, avec un personnel très réduit, donneraient la somme de travail actuellement fournie par deux à trois cent mille individus. Vainement dira-t-on que la population désormais sans ouvrage trouverait ailleurs un emploi, dans les industries créées de proche en proche par l'initiative européenne. L'exode ne lui paraîtrait pas moins douloureux. Elle pressent qu'il y aurait un mauvais moment à passer et préfère s'en tenir, demain comme aujourd'hui, à la tâche accoutumée. Sur ce point elle est intraitable et repousse impitoyablement toute innovation alors même qu'elle émane d'un compatriote. Je n'en veux d'autre preuve que la mésaventure arrivée à un Sé-Tchouennais de ma connaissance, propriétaire d'une importante saline à Tsé-Liou-Tsin. Un séjour prolongé sur le littoral l'avait familiarisé avec le progrès. Aussi s'avisa-t-il, pour son malheur, de faire venir à grands frais de Hong-Kong et d'installer dans son exploitation, à la place des vieux treuils

mus par des buffles ou à bras, un matériel
perfectionné, des pompes à vapeur. L'essai ne
réussit que trop bien. Le débit de son puits
fut aussitôt décuplé ; par contre, dans les
puits voisins, le rendement baissait d'autant.
Les propriétaires lésés signifièrent à leur con-
current qu'il eût à démonter ses machines, ce
qui fut fait. Le plus curieux c'est qu'il prit sa
déconvenue avec une philosophie parfaite.
« Au bout du compte, m'avouait-il, j'étais
dans mon tort. Pourquoi ne me contenterais-je
pas de ce qui suffisait à mon père et à mon
aïeul ? » L'incident m'a rendu rêveur. Le
conflit, s'il eût éclaté du fait d'une compagnie
étrangère, se fût-il terminé d'une façon aussi
pacifique ? C'est douteux.

Ces mêmes craintes ont été pour beaucoup
dans la surexcitation signalée chez les populations marinières du Yang-Tsé, chaque fois que
fut mis à l'étude le projet de rendre accessi-
ble à la navigation à vapeur, tout au moins
pour un service de touage, le cours supérieur
du grand fleuve. La prudence voulait que l'on
s'efforçât, au préalable, de faire comprendre
aux intéressés que la mise en service des stea-
mers sur le bas fleuve n'a pas sensiblement
affecté le mouvement de la batellerie indi-

LA CONQUÊTE INDUSTRIELLE.

gène et qu'il en serait de même en amont de Itchang. Malheureusement, le langage qu'on leur tient est plutôt de nature à exaspérer leurs colères : « La vapeur aidant, des industries nouvelles vont éclore ; les anciens haleurs trouveront à s'occuper dans les mines, ce qui est un métier moins dégradant que de s'atteler à la cordelle comme des bêtes de somme [1]. » Les mariniers sont d'un tout autre avis ; ils aiment mieux continuer, au grand jour, le métier dont ils vivent comme ont vécu leurs ancêtres. Ont-ils tort ?

1. Virgil C. Hart, *Western China*.

VI

LES CHEMINS DE FER ET L'OPINION PUBLIQUE

De loin en loin et de façon très vague, la Chine semble s'être rendu compte de l'utilité qu'il y aurait pour elle à réformer ses modes de transport. Malheureusement, la pauvreté des moyens par lesquels elle prétend réaliser ce projet permet d'affirmer que, sans l'aide étrangère, les trains-éclairs ne remplaceront pas de sitôt les palanquins des aïeux, leurs charrettes et leurs brouettes. Les Chinois s'accommoderaient des chemins de fer, à la condition de les construire eux-mêmes, sans rien devoir à personne. Ils auraient des administrateurs et des ingénieurs autochtones, n'emploieraient d'autre fer que celui des mines chinoises, ne feraient appel qu'à des capitaux chinois. C'est là le point délicat, les capita-

listes du terroir n'ayant que trop de raisons
pour serrer les cordons de leur bourse et re-
doutant à l'égal de la peste l'intervention
mandarine dans toute combinaison industrielle ou financière. L'illusion des Liou-Ming-
Tchouan, des Chang-Chi-Tong et autres
pseudo-réformateurs fut donc de courte durée.
Si jamais il prenait fantaisie à la Chine de
faire quelques timides emprunts aux idées et
aux méthodes européennes, il est de toute évidence qu'un orgueilleux *fara da se* n'avan-
cerait point ses affaires.

D'ailleurs, les véritables sentiments de la
nation, en matière de grands travaux publics,
nous sont révélés par l'extravagante démarche
de son gouvernement, en 1876, lorsque fut
établie la première voie de fer, le petit tronçon
reliant Shanghaï à Woo-Sung. La ligne, inau-
gurée depuis six mois, promettait déjà de sérieux dividendes, quand les Célestes la ra-
chetèrent à beaux deniers comptants... pour
la démolir. L'opération, excellente pour la
compagnie étrangère, n'avait cependant quoi
que ce fût d'encourageant pour l'avenir.

En ce qui concerne le grand réseau récemment ébauché — et fort endommagé lui-même
à l'heure présente — l'émotion provoquée par

la multiplicité des points d'attaque, par ces
nombreux chantiers inopinément ouverts au
cœur de l'empire tient à des causes d'autant
plus redoutables qu'elles ne tombent pas sous
le sens. L'obstacle ici, c'est l'insaisissable, la
superstition toute-puissante et protéiforme.
Nous n'avons pas seulement affaire aux morts,
très encombrants en Chine, comme chacun
sait, et dont on ne saurait troubler si peu que
ce fût le repos sans occasionner des désastres.
Il est sinon toujours facile, du moins possible
d'éviter de bousculer une tombe ; mais le
moyen de ne pas, par mégarde, offenser l'invisible, les myriades d'influences bonnes ou
malignes qui peuplent l'atmosphère, la terre
et les eaux? Le Chinois, ne l'oublions pas, est,
de beaucoup, le plus superstitieux des êtres ;
à cet égard il rendrait des points à tous les
fétichistes du continent noir. On ne saurait se
faire une idée du rôle prépondérant que jouent
dans les moindres actes de sa vie la géomancie,
la nécromancie, les sortilèges. Quelquefois —
rarement — les hommes de la haute classe se
donneront, vis-à-vis de l'étranger, l'apparence
d'esprits forts que n'émeuvent point ces bali-
vernes. Elles n'influeront pas moins sur chacun de leurs faits et gestes.

Gardons-nous de traiter légèrement ces sottises. La Chine la plus à craindre n'est pas celle qu'on voit, et qui n'est point belle, mais celle qu'on ne voit pas, qui est pire encore. Tenons pour de terribles réalités le Dragon, cause première des phénomènes cosmiques, tremblements de terre, éclipses, inondations, et le fantaisiste Fong-Choué, cet agrégat de forces mal définies, mais irrésistibles, dont les caprices ont force de loi. Pour les Chinois, cette chose obscure, indéterminée est la science des sciences. Elle a ses traités spéciaux ; de graves docteurs en ont exploré les arcanes. Ces hommes éminents sont légion ; encore ont-ils peine à satisfaire leur immense clientèle. Partout et toujours, dans les circonstances les plus futiles, le concours de l'augure est de rigueur. Lorsqu'on songe aux hésitations, tergiversations, aux consultations laborieuses que nécessite l'entreprise la plus vulgaire telle que le forage d'un puits, le tracé d'une digue, la construction d'un hangar ou d'une étable à porcs, on comprend quel doit être l'émoi populaire à la vue de ces étrangers que rien n'arrête, qui percent les montagnes, comblent les vallons, édifient leurs remblais à travers les plaines, sans souci du

Fong-Choué, sans souci du Dragon. Dieu sait pourtant si ces puissances doivent être troublées dans leurs habitudes! D'autant plus que Dragon et Fong-Choué sont de caractère extraordinairement susceptible, et vindicatifs en diable. Point n'est besoin d'un acte pour déchaîner leurs colères. L'intention seule suffit, et les calamités de tout genre vont pleuvoir sur le pauvre monde!

Ajouterai-je que, là-bas comme ici, il peut arriver que les entrepreneurs ou chefs de chantiers prennent parfois possession du terrain d'une manière un peu rude. Sur la foi de cette maxime de droit suivant laquelle l'intérêt d'un seul doit céder à l'intérêt du plus grand nombre, les mandataires de ce plus grand nombre en usent volontiers très librement avec les particuliers. Il faut n'avoir jamais habité la campagne pour ignorer les conflits qui s'élèvent entre les ingénieurs, agents voyers ou tâcherons et le propriétaire évincé lors de l'établissement d'un chemin de fer, d'une route ou même d'une simple voie vicinale. Le hasard me faisait assister, il y a quelques mois, à un différend de ce genre, soulevé par un brave paysan qui contestait à un chef d'équipe occupé à la pose d'une ligne

aérienne pour un transport de force électrique
le droit de traverser son champ et surtout de
jeter bas un vénérable noyer dont les branches obstruaient le passage des câbles. Vainement se mit-il en frais d'éloquence, attestant
son droit, alléguant qu'il n'y avait pas eu dé-
claration d'utilité publique et que nulle puissance humaine ne pouvait le contraindre à
sacrifier son arbre. Le chef d'équipe passa
outre et se contenta de répondre : « Cela ne
me regarde pas. Vous réclamerez plus tard,
on vous indemnisera. » Et la cognée fut appli-
quée séance tenante au tronc du gros noyer,
à la vive indignation du rural. A peine est-il
besoin d'ajouter qu'il réclama et obtint justice ; mais cela ne lui rendit pas son arbre.
Ces menus incidents ne sont point rares. On
admettra que ce qui arrive en Europe peut se
produire en Chine. La seule différence c'est
qu'en Chine les clameurs du bonhomme eussent attiré non le commissaire, mais une
plèbe vengeresse et que l'équipe et son chef
eussent passé, à n'en pas douter, un mauvais
quart d'heure.

Est-ce à dire que les Européens doivent renoncer à construire des chemins de fer dans
l'Empire du Milieu, sous peine de provoquer

des révolutions et des catastrophes? Non pas.
Tout est possible en Chine ; mais « il y a la
manière ». La condition *sine qua non* est,
pour employer une expression locale, de « balayer le chemin », ce qui revient à dire qu'il
faut, tout d'abord, amadouer les malveillants
et les grincheux, se concilier les augures, enfin
préparer l'opinion publique, laquelle, dans
cette monarchie soi-disant absolue, est en fait
la véritable souveraine et a toujours le dernier mot.

C'est en effet une dangereuse erreur de
croire qu'il suffit, en Chine, d'obtenir une
concession en règle, revêtue du sceau impérial
pour pouvoir immédiatement, en toute sécurité, se mettre à l'œuvre. Nous ne sommes
point ici dans un pachalik du Levant où
toute résistance fléchit devant un firman du
Grand Turc, mais en Extrême-Orient, dans
un empire où l'action du pouvoir central sur
l'ensemble de la nation est, dans la plupart
des cas, purement nominale. Réputé maître
absolu de la terre et des hommes, l'empereur
est, dans la pratique, rien moins qu'un auto-
crate. Ce prétendu despote règne mais ne
gouverne guère plus qu'un souverain consti-
tutionnel ou qu'un président de république.

Son principal rôle consiste à répondre par oui
ou par non aux questions qui lui sont soumises, ou même à se décharger de toute responsabilité en renvoyant l'affaire à l'examen
de tel ou tel conseil plus ou moins compétent.
L'initiative impériale, maintes fois affirmée
jadis par la voix d'un véritable monarque tel
que Kang-Hi, est aujourd'hui fort diminuée.
Elle n'apparaît presque jamais, sauf dans les
circonstances où l'autorité de l'empereur revêt
un caractère théocratique. Intermédiaire entre
la terre et le ciel, il lui arrivera de prescrire
spontanément des cérémonies pieuses à l'effet
de conjurer un fléau ; parfois même il s'accu-
sera très humblement d'avoir, par sa faute et
à son insu, attiré sur son peuple le courroux
céleste. Il agit en pareil cas au spirituel. Au
temporel, sa parole n'est qu'un écho : les actes
du souverain émanent bien moins de sa volonté que de l'inspiration de la classe lettrée,
oligarchie dirigeante mais dont l'omnipotence
doit cependant, pour se maintenir, éviter de
blesser au vif le sentiment et les préjugés populaires. C'est ainsi que dans un pays où
l'immense majorité de la nation se désinté-
resse presque absolument des affaires de l'Etat,
le *consensus populi* n'est pas, tant s'en faut,

une quantité négligeable dans les relations
entre les gouvernants et les gouvernés.

« Balayer le chemin », c'est bientôt dit ;
mais comment s'y prendre pour triompher des
superstitions de la multitude, pour ne pas
exciter la colère du Dragon, le ressentiment
des bons ou malins génies qui hantent le
sous-sol et le plein air? Le moyen est simple.
Il consisterait à appliquer en Chine, et *à la
chinoise*, c'est-à-dire en en modifiant tant soit
peu les formes, le procédé dont use en Europe
l'enquête où chacun est appelé à formuler
son approbation ou ses critiques. L'enquête
de commodo et incommodo, conduite avec
prudence et dextérité, donnerait, je crois, d'excellents résultats. Elle porterait bien entendu
sur autre chose que sur les avantages et les
inconvénients matériels. La grande affaire ici,
ce qu'il importe d'avoir pour auxiliaire, c'est
l'immatériel, l'impondérable, la force subtile,
l'influence errante. Les astrologues, les docteurs en Fong-Choué seraient conviés très sérieusement à dire leur mot sur l'entreprise,
et, comme quatre-vingt-dix-neuf sur cent de
ces oracles révérés sont d'aimables charlatans
vivant de la bêtise humaine, on a chance, en
y mettant le prix, d'obtenir d'eux un avis fa-

vorable. C'est une question de taëls. Moyen-
nant quoi ils proclameront que la ligne pro-
jetée, loin d'effaroucher les puissances invisibles, aura le plus salutaire effet sur les
Fong-Choué d'alentour. Elle fixera les bons,
éloignera les mauvais et assurera dorénavant
la paix et la prospérité de la province.

Joignez à cela, pour familiariser l'opinion
avec ces nouveautés, une campagne adroite-
ment menée par des agents indigènes, l'Européen demeurant soigneusement dans la cou-
lisse. L'image, le placard, les causeries dans
les auberges et dans les marchés, tous ces éléments de la publicité chinoise, seraient d'un
utile emploi et l'effet comparable aux cou-
rants d'opinion créés en Europe par l'action
combinée de la conférence et de la presse à
bon marché. Il importe également de ne pas
oublier que les Chinois, en égoïstes fieffés,
adoptent volontiers ce qu'ils supposent devoir
être utile moins à autrui qu'à eux-mêmes. On
devrait en conséquence s'appliquer à ne jamais mettre en avant l'intérêt européen, mais
à placer en évidence le seul intérêt de la Chine,
en un mot, lui « laisser la face ». Ces façons
d'agir entraîneraient évidemment bien des
lenteurs. A cela nous ne saurions répondre

autre chose, sinon qu'en Chine on n'avance
sûrement qu'à pas comptés. Il est dangereux
de brusquer l'allure, c'est s'exposer à des re-
culades fâcheuses.

Il est, au surplus, infiniment probable que
les observations précédentes ne seront jamais
prises au sérieux par les conducteurs de travaux publics, professionnels de la tranchée et
du remblai qui méditent d'aller opérer dans
cette Chine dont la plupart connaissent seulement le nom. Je m'imagine la figure étonnée
d'un chef de section devant une députation
de notables qui viendrait lui recommander
les précautions les plus minutieuses, de façon à ne pas porter atteinte au Fong-Choué
du village. Il rirait de bon cœur, et il aurait
tort. Qu'il écoute gravement ces calembredai-
nes, qu'il feigne d'en tenir grand compte. Son
travail n'en sera pas retardé, et il y gagnera
de conserver sa tête sur ses épaules. C'est
quelque chose.

Reste un point sur lequel, à mon sens, on
ne saurait trop insister. L'habileté suprême,
le grand art, le plus sûr garant du succès,
consisterait pour les Européens à parler le
moins possible de leur civilisation supérieure,
à ne jamais se poser en dispensateurs d'un sa-

voir ignoré de la pauvre Chine, à ne pas présenter leurs innovations comme de récentes découvertes dont ils eurent tout l'honneur, mais comme les applications de vérités très anciennes, consacrées par le temps et dont les sages de la Chine avaient jadis posé les principes, à ne pas apparaître isolés dans leur modernisme, un peu en l'air, mais appuyés fortement sur le passé, sur la tradition toute-puissante et protectrice. Nous avons dit déjà la tendance qu'ont la plupart des lettrés à revendiquer pour leurs classiques l'idée première de toutes les inventions dont l'Occident est si fier. Ne raillons pas cet orgueil enfantin qui peut et doit nous servir ; faisons accepter le présent sous le couvert du passé. L'attitude, j'en conviens, est plutôt modeste ; mais la grandeur du but fait oublier l'humilité des moyens.

Les premiers missionnaires, qui furent de grands politiques et qui élevèrent si haut le prestige européen fort compromis depuis lors, n'agirent point d'autre sorte. Dans la lettre, datée du 4 janvier 1601, par laquelle le P. Ricci offre ses services à l'empereur Ouan-Li, l'éminent mathématicien a soin d'affirmer hautement son respect du vieux temps : « Au-

trefois, écrit-il, dans sa patrie, votre serviteur
a été promu aux grades ; déjà il avait obtenu
des appointements et des dignités. Il connaît
parfaitement la sphère céleste, la géométrie et
le calcul. A l'aide d'instruments, il observe les
astres et fait usage du gnomon. *Ses méthodes
sont entièrement conformes à celles des anciens Chinois.* » « Entièrement conformes »
est peut-être beaucoup dire. Qu'importe ? Il
n'y a pas là trace de basse flatterie, tout au
plus un artifice de fin diplomate, sous la forme
d'un hommage rendu à la vieille civilisation
chinoise. Mais que de choses explique cette
simple phrase ! L'influence bientôt acquise à
la cour et dans le peuple, l'homme d'Occident
considéré comme le maître des secrets célestes
parce qu'il affectait de n'être qu'un disciple,
parce que, inconsciemment peut-être, il avait
paraphrasé les paroles que tout Européen devrait avoir sur les lèvres lorsqu'il débarque en
Chine, les mots du Sermon sur la montagne :
« Je ne viens pas détruire l'ancienne loi, je
viens l'accomplir ! »

VII

LA POLITIQUE PATIENTE

On me dira que les virtuoses de la politique à longue échéance vont, depuis quelque temps, assez vite en besogne. Maîtres de Port-Arthur et du Liao-Toung, ils viennent d'occuper militairement Niou-Chouang et même, assure-t-on, Chan-Haï-Kouan. L'achèvement du réseau mandchourien, en dépit des retards qu'entraîneront les troubles actuels, n'est qu'une question de mois. L'influence moscovite, déjà prépondérante dans le nord de l'empire, de l'Altaï à la mer Jaune, en recevra une impulsion nouvelle. Avant peu, Mongols et Tartares deviendront sinon les sujets, du moins les grands vassaux du tsar blanc. Rien de plus vrai. Toutefois il importe de ne pas ou-

blier que ces prises de possession retentissantes
ne sont point les conséquences d'une politique
improvisée, hâtive, imposée par les circonstances actuelles, dans la chaleur de cette
fièvre contagieuse qui poussait les nations occidentales à l'assaut de la vieille Chine, mais
les dernières assises d'un édifice dont la première pierre fut posée il y a plus de deux siècles. Le travail a été accompli lentement,
mais sans relâche, avec l'irrésistible vigueur
que développent la foi dans une idée et la perception très nette du but à atteindre.

Dans cette expansion vers l'Orient, la Russie n'était point mue uniquement par le désir
de conquêtes et de suprématie politique qui
tourmente les peuples jeunes : elle obéissait
à une loi d'attraction, elle allait vers le soleil,
vers la mer libre, vers le Pacifique immense
et lumineux. Et ce n'était pas un exode, mais
un retour, comme le reflux de la grande vague
qui jadis submergea la moitié de l'Europe.
L'empire mongol, qui s'étendait des plateaux
de Tartarie aux plaines du Danube, était
tombé en poussière. Mais un fragment, une
province, avait survécu au cataclysme ; la
Russie se dressait au milieu des ruines, grou-
pait peu à peu autour d'elle les parcelles dis-

persées, puis, reprenant en sens inverse, de
l'occident à l'orient, la piste parcourue par
les hordes asiatiques, reconstituait chemin faisant le colossal empire écroulé de Gengis-khan
et de Timour.

Cette œuvre de patiente énergie, conduite
avec une rigueur de méthode, une sûreté et
une souplesse de main incomparables, nous
étonne, moins peut-être par sa grandeur que
par sa cohésion. Les éléments disparates en
furent non pas juxtaposés mais amalgamés,
intimement fondus l'un dans l'autre. La caractéristique du mouvement longuement préparé et dont la ligne d'étapes fut jalonnée
en 1581 par le Cosaque Yermak, c'est la puissance absorbante de ce peuple en marche. Aucun autre n'avait poussé à un si haut degré
l'art de s'assimiler les nations soumises. Il y
a là, assurément, plus que du savoir-faire, un
don de nature, l'affinité de races. Quoi qu'il
en soit, c'est à cette faculté maîtresse que la
domination russe en Asie emprunte sa qualité
distinctive, essentielle, la permanence, son
aspect dès à présent harmonieux et définitif.
Ce n'est point l'asservissement ni même la
mise en tutelle de races inférieures, mais plutôt la réunion des membres longtemps dissé-

minés d'une même famille. Elle s'est ressaisie, se rassemble autour du chef qui est non seulement le maître mais le père. Ce phénomène très apparent en Asie centrale, se reproduit à des degrés divers jusqu'au rivage du grand océan, chez des populations réputées les plus réfractaires à l'ascendant étranger. Une partie du monde jaune, inconsciemment peut-être, cède à cette attraction. Lorsqu'on observe la situation créée aux Européens dans le Céleste Empire par l'aversion irréconciliable de l'indigène pour tout ce qui ne sent pas le terroir, il est aisé de constater que le Russe échappe, dans une certaine mesure, à la réprobation générale.

L'assertion, nous le reconnaissons volontiers, semble démentie par les faits. Les détachements préposés à la protection des travaux du chemin de fer chinois de l'Est sont partout aux prises avec les bandes mandchoues ; on se bat de Port-Arthur à Moukden et jusque sur l'Amour, frontière sibérienne, où la soldatesque d'Aïgoun a dirigé sur Blagovechtchensk un bombardement, peu meurtrier d'ailleurs. La Chine, à première vue, ne paraît donc en aucune façon disposée à témoigner à la Russie plus d'égards qu'aux autres puissances. Cependant, on aurait tort de s'exagérer l'importance de ces conflits partiels, qui ne sont pas de nature à influer sérieusement sur les relations ultérieures des deux peuples. L'ordre une fois restauré, ces escarmouches seront considérées comme de simples malentendus. La Chine reprendra vis-à-vis de sa voisine son attitude non pas amicale mais déférente ; la Russie, selon toute probabilité, continuera comme par le passé à traiter la Chine non en ennemie mais en protégée. Les termes mêmes du communiqué officiel annonçant l'envoi des troupes de secours attestent que, dans la présente crise, elle a gardé tout son sang-froid, qu'elle n'entend point se départir de sa conduite à la fois très ferme dans le fond et conciliante dans les formes. Habile à ménager les apparences qui, plus que tout le reste, intéressent l'amour-propre ombrageux des Célestes, elle leur abandonne le mot pour se réserver la substance. On a soin d'expliquer dans ce document que « les troupes russes ne poursuivent aucun but hostile à la Chine, mais serviront ses intérêts en hâtant le rétablissement de la situation légale ». La Chine est appelée le « grand pays voisin », l' « Etat ami ». On ne confond point l'ensemble de la nation avec son gouvernement corrompu et criminel. Partout et toujours cette politique modèle tend à désarmer les soupçons, les préjugés des masses ; elle se fait courtoise et câline pour arriver jusqu'à leur âme.

Les résultats, sans être décisifs, sont déjà appréciables. Cela ne signifie nullement que la Chine éprouve pour ses voisins du Nord une sympathie marquée, tant s'en faut. Ce qui est incontestable, c'est que le Russe est, de tous les hommes du dehors, celui dont les Chinois ont le moins horreur. A cela, plusieurs raisons : d'abord la parenté ethnique, éloignée mais réelle ; les Russes ne se font pas faute de rappeler que les deux peuples ont dans les veines du sang mongol. Ensuite, certaines analogies dans les manières, les coutumes, les façons de penser : chez l'un et l'autre, notamment, même politesse raffinée, le mépris du temps, l'observation aiguë, l'art de discerner, du premier coup d'œil, les points faibles d'un antagoniste. Chez le Russe, dans toutes les classes, mais en particulier dans les milieux où se recrutent les trafiquants qui, d'année en année, pénètrent plus nombreux dans la Mongolie, le Kan-Sou et le Turkestan chinois, une grande bonhomie, une facilité surprenante à se plier aux habitudes du pays, à fraterniser avec l'indigène.

C'est là un des traits les plus frappants pour le voyageur qui, venant du Sud, débarque pour la première fois dans la Sibérie orientale. Accoutumé aux préséances que s'attribuent en Extrême-Orient les représentants de la civilisation occidentale, à regarder comme autant de droits imprescriptibles les privilèges résultant des préjugés de race et de couleur, son étonnement est grand de voir l'homme blanc et l'homme jaune, l'aborigène et son vainqueur, vivre côte à côte sous le niveau égalitaire d'une autorité vis-à-vis de laquelle tous deux ne sont que les sujets d'un même maître. Rien qui rappelle les manières tour à tour dédaigneuses et superbes adoptées couramment à l'égard des indigènes, aux Indes et dans les *settlements* de Chine, la ligne de démarcation, rigoureusement maintenue entre l'Européen et l'Asiatique, le ton péremptoire de protecteur à protégé. A ce propos la petite scène suivante dont je fus témoin, durant mon séjour à Vladivostok, m'a paru tout à fait édifiante.

J'étais allé un matin présenter mon passeport et celui de mon boy chinois au visa de

la police, ainsi qu'il est de règle pour tout
nouveau venu. Cette formalité expédiée en
quelques minutes, je me disposais à me retirer quand le chef de la police, officier fort
aimable, à qui, la veille, j'avais été présenté
par des amis communs, me pria d'attendre un
instant. Il prenait pension à mon hôtel :
l'heure du déjeuner approchait ; le temps de
donner quelques signatures et nous ferions
route ensemble.

J'attendis, tout en observant non sans intérêt, par la porte du bureau demeurée grande
ouverte, ce qui se passait dans la pièce voisine. Le sous-chef de police, un Bouriate au
type mongolien très accusé, procédait à l'in-
terrogatoire d'une dizaine d'immigrants qu'a-
menait le paquebot mensuel de la Flotte volontaire, arrivé d'Odessa dans la matinée. La
casquette à la main, avec l'air timide et gauche d'écoliers sous le regard du magister, un
à un ils défilaient, déclinant leurs noms et
qualités, exhibaient leurs paperasses, puis, sur
un geste bref, s'écartaient doucement pour
faire place aux camarades. Dans tout ceci,
rien que de très banal : ces sortes d'inspections
ont lieu fréquemment sans que nul parmi
les assistants y trouve matière à réflexions.

Cependant, les physionomies si nettement tranchées des interlocuteurs, le contraste de ces Européens à la peau blanche, aux cheveux blonds, aux yeux clairs, avec le Mongol trapu, les paupières bridées, faisaient de cette audience policière un spectacle tout nouveau pour moi. Je songeais involontairement à la façon très différente dont ces formalités s'accompliraient à Bombay, à Singapour, à Saïgon, à Hong-Kong, où le fait de soumettre un blanc, de si humble condition fût-il, à la juridiction d'un Asiatique, bouleverserait toutes les idées reçues, où le prestige que s'arroge une minorité conquérante s'affirme jusque dans la répression des délits. S'imagine-t-on un policeman hindou mettant la main au collet d'un Anglo-Saxon qui troublerait la paix publique? Un sergent de ville annamite conduisant au poste un matelot français en goguette? Quel scandale! Les égards dus à l'Européen exigent que le délinquant ne puisse être appréhendé que par un homme de sa couleur. Le moins qu'il faille en pareil cas, c'est un constable ou bien Pandore.

Ici ces scrupules ne sont plus de mise. Jamais la pensée ne viendrait à ces braves moujiks d'exciper de leur qualité d'enfants de la

Russie d'Europe pour se dérober aux questions que leur pose, avec une concision toute
militaire, l'officier de police à peau cuivrée
dont les parents peut-être mènent encore, à
l'heure actuelle, l'existence pastorale avec
leurs troupeaux de cavales et de bêtes à laine,
là-bas, très loin sur les plateaux herbeux, entre l'Argoun et la Sélenga. Impassible et correct, le sabre au côté, sanglé comme pour la
parade dans sa tunique vert sombre, il est à
leurs yeux, le représentant, l'incarnation de
l'autorité souveraine, indiscutée. Pas une minute ils ne supposent qu'ils ont affaire à un
étranger. Ils voient en cet officier ce qu'il est
en définitive, non pas seulement leur supérieur, mais un sujet russe. C'est là pour eux
l'évidence même, moins la conséquence du
grade et de la fonction que l'effet d'une loi
naturelle qui ne pourrait pas ne pas être et,
comme telle, est acceptée sans effort. Cette faculté de s'identifier avec la race conquise est
particulière à ce peuple. Elle a singulièrement
contribué à assurer le triomphe d'une politique à très longue portée et la mainmise sur
plus de la moitié du continent asiatique.

Cette politique d'assimilation patiente autant que de conquête, cette politique insi-

nuante et souple qui ne vise pas à dompter mais à captiver l'indigène, a soulevé, même en Russie, quelques critiques. Des âmes enthousiastes s'accommodaient mal de ces lenteurs : « Depuis l'ambassade envoyée en Chine en 1653 — écrivait Prjevalski — toutes nos relations avec l'Empire du Milieu ont été basées sur l'amitié tant vantée qui, depuis deux cents ans, unit les deux nations : en fait, cette politique deux fois séculaire fut de notre part une politique de dépendance et de flagornerie. Les seules exceptions consolantes, durant cette longue période, furent l'action énergique du comte Raguzensky qui, en 1727, conclut le traité nous ouvrant la route commerciale de Kiakhta et, dans la seconde moitié de ce siècle, l'entreprise analogue des comtes Mouravief et Ignatief qui nous valut le territoire de l'Amour. »

Malgré l'autorité qui s'attache au grand nom de Prjevalski, je doute que l'histoire ratifie ces conclusions de l'illustre explorateur. Elle dira vraisemblablement que le grand secret de la politique russe, dans la marche victorieuse vers le Pacifique, consista à jalonner lentement la route, sans élans irréfléchis mais aussi sans brusques retraites. Elle a su vou-

loir, fortement et longtemps, non pas flagor-
ner mais amadouer l'homme jaune. Des obser-
vateurs superficiels estimeront que, sur ce
dernier point, le résultat fut médiocre et que
la Chine, dans son ardeur anti-étrangère, ne
nourrit point contre elle une haine atténuée.
Un avenir prochain fera, je crois, justice de
cette appréciation trop sommaire. De toutes
les nations européennes engagées dans la mésaventure chinoise, la Russie est la seule qui
ait chance d'en sortir grandie. A demi asiatique elle-même, les Asiatiques verront en
elle, à l'heure du châtiment inévitable, la protectrice dont la présence seule empêchera que
l'expiation passe le crime [1]. Elle aura pourtant
pris part active à la répression, elle aura bien
vengé ses morts. Mais l'impression n'en per-
sistera pas moins que, sans elle, sans ses bons
offices de parente et d'amie, la peine, si sévère
fût-elle, eût été plus terrible encore. Je ne
serais pas autrement surpris que la conséquence immédiate de ces tristes événements,
qui ont fait choir comme châteaux de cartes
les projets de rénovation hâtive du Céleste-
Empire et compromis gravement le prestige

1. Voir l'Appendice, C.

européen dans ces contrées, fût de consolider en Chine l'influence russe.

Il en est de la tourmente actuelle comme de la tempête de sable qui, par moments, balaye les hauts plateaux mongoliens. La terre, l'espace, tout se voile, tout disparaît ; c'est la nuit noire, l'atmosphère ardente, le chaos, l'angoisse suprême, la fin des choses. Puis, d'une minute à l'autre, le vent mollit, l'ouragan s'éloigne et, brusquement, de la poussière encore éparse mais de plus en plus ténue, les cimes de l'Altaï sibérien émergent, plus hautes, semble-t-il, découpées d'un trait plus dur sur le ciel.

VIII

LA CHINE ET LES MISSIONS

Sujet bien vaste, sujet très vieux et que n'ont épuisé ni les apologies chaleureuses ni les longues controverses : pour le traiter en raccourci, ce serait peu d'un volume. Nous n'essayerons même pas de poser en quelques pages les termes d'un problème aussi étendu et aussi complexe. La question, toutefois, est d'intérêt trop haut pour qu'il soit permis de la passer sous silence quand on étudie, fût-ce très rapidement, les rapports de la Chine avec l'étranger ; d'autant que beaucoup de personnes sont tentées de lui attribuer, dans la genèse de la crise actuelle, une part considérable et peut-être décisive.

La cause de tout le mal, a-t-on dit souvent, est la propagande imprudente des missions. L'explication a paru concluante parce qu'elle était concise et claire ; elle est à la portée de toutes les intelligences et satisfait la foule, qui va, d'instinct, aux solutions simples. Le malheur est que l'Orient a horreur de la simplicité. Pour discerner les mobiles de cet être compliqué qu'est l'Asiatique, il faut se garder de lui prêter nos propres façons de voir et de sentir. Il convient surtout d'observer sans parti pris, sans passion. Le rêve serait de pouvoir se soustraire absolument à l'influence du milieu, aux préventions acquises, à l'obsession des polémiques courantes. C'est exiger beaucoup de notre faiblesse, et nul ne peut se flatter d'arriver jamais à cet entier détachement avant-coureur de l'impartialité sereine.

Ce qui n'a pas peu contribué à accréditer l'opinion suivant laquelle la rébellion chinoise aurait pour cause prédisposante l'intempérance de zèle des missionnaires de toutes sectes, c'est que la critique est venue de haut. Tout récemment encore, dans une de ces improvisations de pince-sans-rire où il est passé maître, le premier ministre de Sa Majesté Britannique censurait l'état d'esprit très particulier de ces apôtres qui, pénétrés uniquement de leur mission divine, restent sourds aux bruits de la terre et s'inquiètent fort peu

des suites, parfois très graves, que peut en-
traîner après elle, dans les relations internationales, leur ardeur à prêcher la bonne parole parmi les peuplades jaunes ou noires. Le
discours fit quelque bruit non seulement à
Exeter Hall, mais encore sur le continent.
Aussi n'est-il pas inutile de rappeler, afin d'é-
viter tout malentendu, que l'on ne doit point
donner à ces paroles un sens trop général. Le
noble lord s'adressait à ses compatriotes ; du
moins sa critique visait-elle spécialement les
associations évangéliques d'origine anglo-
saxonne. Ce serait une étrange méprise d'y
voir une allusion quelconque aux missions
établies, de date beaucoup plus ancienne, en
Chine, et placées sous la protection de notre
pays. Elle n'était autre chose que l'écho des
appréciations plutôt vives émises sur leurs
compatriotes par nombre de publicistes d'An-
gleterre et d'Amérique.

J'ajouterai même en toute sincérité que ces
jugements, appuyés d'ailleurs sur des faits,
m'ont semblé souvent formulés sur un ton
quelque peu acerbe. A lire dans les feuilles
anglo-américaines de Shanghaï ou de Hong-
Kong tel article où étaient passés au crible
les faits et gestes des missionnaires apparte-

nant à la religion réformée, j'éprouvais l'étonnement dont on serait saisi en voyant un chef d'armée tirer sur ses propres troupes. Ces hommes en effet ont pu se tromper sur le choix des moyens, échouer dans leurs tentatives par manque d'expérience, compromettre l'avenir par un zèle inconsidéré, leurs illusions n'en furent pas moins généreuses, leur idéal n'en fut pas moins élevé, et, à ce titre, ils auraient droit à plus d'égards.

Mais, en pareil cas, le procédé le plus sûr pour échapper à tout soupçon de partialité même involontaire est de laisser la parole aux intéressés. Il en est dans le nombre qui ne se mettent point en frais de circonlocutions ni d'euphémismes et assènent leur avis comme un coup de massue. Tel M. Balfour[1]. Selon lui, « les missionnaires protestants qui jouissent du respect de leurs compatriotes sont l'exception, non la règle : encore doivent-ils leur réputation beaucoup plus à leurs talents de sinologues qu'à leur prestige ecclésiastique ». Il est vrai que s'ils n'ont pas réussi à se concilier leurs concitoyens, ils ont également joué de malheur auprès des Célestes. Le révérend

1. Waifs and Strays from the Far East, p. 113.

A. Williamson, dans son mémoire sur l'organisation des missions en Chine, revient sans
cesse à ce *leit motiv* : Plus on nous voit,
moins on nous aime. « Nous ne remontons pas,
comme nous le supposions, dans l'estime des
Chinois. Il y a quelques années, régnait parmi
nous un sentiment général de satisfaction en
présence de l'attitude prise vis-à-vis de nous
par un grand nombre d'indigènes, fonctionnaires, riches marchands ou lettrés. Aujour-
d'hui, de toutes parts, un changement s'opère,
déjà très visible. Les gens nous respectent
moins que par le passé, reçoivent moins volontiers nos visites. Il nous est plus difficile d'a-
cheter ou de louer des maisons, et ainsi du
reste [1]. » Nous retrouvons les mêmes doléan-
ces sous la plume de M. William Ashmore,
membre de l' « American Baptist Mission »,
lequel écrivait dans le *New-York Examiner* :
« Déjà un revirement se produit dans les sentiments amicaux que les Chinois témoignaient
pour les Américains. Aujourd'hui ils appren-
nent à nous haïr. C'est comme un mot d'ordre qui passerait de bouche en bouche, de village à village, de province à province, et nous

1. *Missionary organisation in China.* Chefoo, 1888.

permet d'envisager l'éventualité d'une épidémie de malveillance s'étendant sur un quart de la population du globe. »

Les raisons de cet insuccès sont multiples. Je laisse de côté les formes extérieures du culte, d'une simplicité peut-être trop froide et peu attirante pour des Orientaux. Mais il y a aussi l'instabilité du personnel. Celui-ci est composé d'hommes fort distingués et dont le dévouement ne saurait être mis en doute. En revanche, dans la plupart des cas, il n'est que trop enclin à prendre les missions pour une profession comme une autre, mieux rémunérée qu'une autre, impliquant pour le titulaire, avec toutes les joies de la vie de famille, l'agréable perspective de voir sa solde s'accroître au prorata de sa progéniture. En général, le clergyman expédié d'Amérique ou du royaume-Uni ne fait en Chine qu'un séjour assez bref, coupé, qui plus est, de déplacements et de villégiatures estivales. Au bout de quatre ou cinq ans, il plie bagage. C'est un passant. Le temps lui manque pour acquérir une influence personnelle sur le Chinois, que ses allées et venues déconcertent.

Mais ce qui lui nuit surtout dans l'esprit des Célestes, ce sont, comme l'indique fort

bien M. Henry Norman [1], ses jalousies, ses
menées pour évincer la concurrence, l'état de
paix armée, sinon d'hostilité ouverte, d'école
à école, d'église à église, les pieuses intrigues
pour recruter des prosélytes aux dépens du
voisin ; enfin, condition fâcheuse pour entrer
en campagne, l'éparpillement des forces, la
tendance à maintenir en Chine les mesquines
divisions et subdivisions de sectes de la
Grande-Bretagne et du Nouveau Monde. C'est
ainsi que nous y voyons trois branches de
l'Episcopal Church, neuf sectes de presbyté-
riens, deux sectes de congrégationalistes, deux
sectes de baptistes et beaucoup d'autres de
moindre importance. Faisons le compte : 3 et
9, 12, et 2, 14, et 2, 16 ! Seize églises, représentant, bien entendu, aux yeux des Chinois,
autant de religions différentes, les missionnaires n'ayant pas même réussi à se mettre
d'accord sur le terme chinois à employer pour
désigner le Dieu unique dont ils veulent enseigner la doctrine. Ils ne s'entendent que sur
la nécessité impérieuse de ne pas être confon-
dus avec leurs concurrents et, par suite, de
prescrire rigoureusement le vocable *Tien*

1. *The Far East*, p. 306.

Tchou (Seigneur du Ciel), adopté jadis par
les jésuites et, depuis lors, par les diverses
communautés catholiques. Les uns proposaient
de lui substituer le mot *Tchèn Tchin* (Véritable Esprit). D'autres eussent préféré *Chang-ti*
(Seigneur suprême). Les Anglais tiennent
pour Chang-ti, les Américains pour Tchèn-
Tchin. Le Chinois, ahuri par ces subtilités,
se demande avec inquiétude quel est le vrai
prophète, quel est l'imposteur, et, dans le
doute, il croit prudent de s'abstenir.

Ceci explique pourquoi, malgré tant de
zèle, d'abnégation, malgré des sacrifices pécu-
niaires énormes, l'action des missions protestantes n'eut pour conséquence appréciable que
de rendre à l'avenir plus difficile et plus im-
populaire la diffusion du christianisme en
Chine sans parvenir à entamer la prépondé-
rance des établissements catholiques implan-
tés de longue date dans le pays.

« Tels sont les faits, écrivait en 1894 M. G.
Curzon (aujourd'hui lord Curzon, vice-roi des
Indes), tandis que les jésuites installés en
Chine depuis des siècles ont accompli sous
bien des rapports une œuvre splendide, les
missions protestantes (car c'est d'elles surtout
que je veux parler) ne datent pour la plupart

que d'une cinquantaine d'années et furent
instituées au lendemain des traités qui mi-
rent fin aux deux premières guerres de Chine,
en 1858-60. Alors qu'en 1844 il n'y avait en
Chine qu'une trentaine de missionnaires protestants, leur nombre en 1890 s'élevait à 1 300,
y compris les femmes. Chaque année l'Amérique, le Canada, l'Australie, la Suède et l'An-
gleterre qui ne se laisse pas devancer par ses
émules, mettent en lignes de nouvelles recrues ; les sommes souscrites pour subvenir
à leur entretien et à leur propagande dépas-
sent les revenus de plusieurs Etats. La question est de savoir quelles victoires ont rem-
portées les soldats de cette onéreuse croisade...
Il n'est pas douteux pour moi que la cause du
christianisme en Chine est loin de progresser
en proportion de cette prodigieuse dépense
d'argent, de dévouement et de forces humai-
nes. Il semble à bien des gens qu'elle perd
plutôt du terrain. Telle n'est pas évidemment
l'impression que laisse la lecture des rapports
de missionnaires. Mais en acceptant leurs
propres chiffres, qui nous montrent en 1890
un total de 1 300 missionnaires protestants et
seulement 37 300 indigènes convertis, soit un
troupeau représentant un peu moins de 30 bre-

bis pour chaque pasteur et, sur 10 000 Chinois, un seul chrétien, il faut reconnaître qu'après un demi-siècle de labeur la moisson est maigre [1]. »

Je n'ignore pas qu'une observation du même genre a été produite au sujet des résultats obtenus par les missions placées sous le protectorat de la France. Le nombre des catholiques est évalué, pour tout l'empire, à huit cent mille. On argue de ce chiffre évidemment infime, au regard d'une population de quatre cents millions d'hommes, pour conclure à l'insignifiance de l'œuvre obstinément poursuivie pendant plus de deux siècles. L'objection, à mon sens, est rien moins que pressante. La situation prend un tout autre aspect, si l'on réfléchit qu'en définitive huit cent mille individus constituent mieux qu'une quantité négligeable. Il y a là désormais une force vive, un centre d'aspirations et de croyances, un feu qui couve mais ne s'éteint plus. Ou l'arithmétique n'est qu'un vain mot, ou la puissance numérique de 800 000 chrétiens [1] sur 400 millions de Chinois est identi-

1. George N. Curzon. — *Problems of the Far East*, pp. 285-306.

2. La *Semaine religieuse,* du diocèse de Paris, pu-

que à celle dont disposeraient en France 83 000 dissidents. Or, chacun sait qu'il existe parmi nous des communautés moins nombreuses qui ont su se faire et conserver leur place au soleil.

Au surplus, comme on risque, en exprimant sur des matières aussi délicates une opinion personnelle, d'envisager inconsciemment les choses sous un jour faux, voyons une fois encore comment en jugent nos rivaux.

« Il est nécessaire d'établir, dit M. H. Norman, une distinction entre le missionnaire catholique et le protestant. Le premier est l'objet d'une considération beaucoup plus grande de la part des indigènes aussi bien que des étrangers, et le résultat de ses travaux est, sans conteste, beaucoup plus heureux. Il s'établie le tableau suivant des missions catholiques en Chine :

	Vicariats.	Prêtres.	Chrétiens.
Les missions étrangères possèdent. . .	10	269	180 000
Les Jésuites	2	170	160 000
Le séminaire Saint-Pierre-Saint-Paul de Rome	1	15	120 000
Les franciscains	9	126	110 000
Les lazaristes	6	85	103 000
Les dominicains	2	23	40 000
Les missions belges.	5	69	30 000
Les missions italiennes.	3	17	13 000
Les missions allemandes (Hollande) . .	1	14	10 000
Les augustiniens.	»	10	3 000

blit en Chine une fois pour toutes, il adopte le costume, la façon de vivre du peuple, arrive à subsister avec les ressources les plus modiques ; il est la vivante expression des qualités qui, dans l'idée des Orientaux comme des Occidentaux, sont essentielles au sacerdoce : la pauvreté, la chasteté, l'obéissance. Il fait plus encore : il sait tourner les superstitions locales en amalgamant le culte des ancêtres, cette partie vitale des croyances de tout Chinois, avec le culte des saints ; il apprend à ses convertis une prière pour l'empereur, laquelle se termine par ces mots : « Accordez-lui une vieillesse heureuse et prolongez la prospérité de Son Empire, afin que nous puissions plus tard jouir *avec Lui* de la paix éternelle. » Enfin, il n'est soumis qu'à une seule autorité, prêche et pratique une seule doctrine. Je n'ai certes pas besoin d'expliquer que je ne suis pas prévenu en faveur de la propagande catholique. Mais je manquerais de loyauté si je ne déclarais que j'ai conçu un respect profond pour les nombreux missionnaires catholiques que j'ai rencontrés en Chine, pour leur caractère et pour leur œuvre [1]. »

1. *The Far East*, pp. 304-305.

MARCEL MONNIER.   8

Des témoignages qui précèdent il ressort
clairement que s'il y eut maladresse, impru-
dence, excès de propagande, ce ne fut point
chez les missions dont la protection nous est
dévolue par les traités. Leur principale affaire, aujourd'hui, c'est la consolidation des
chrétientés anciennes. Quelques-unes ont une
importance considérable, au cœur même de
l'empire et jusque dans le Far-West chinois.
Les trois vicariats apostoliques du Sé-Tchouen
comptent 200 paroisses et une population
chrétienne de près de 200 000 âmes, population non pas de néophytes, mais, en grande
majorité, de familles dont la conversion remonte à deux ou trois générations. Les missionnaires ne font aucune tentative pour recruter de nouveaux adeptes, du moins parmi
les adultes, sachant le peu de valeur et le
mauvais effet de ces adhésions, le plus souvent
intéressées. La propagation s'effectue norma-
lement par l'accroissement des familles, le
christianisme n'ayant pas eu pour effet d'é-
teindre chez les Chinois la vertu prolifique.
Elle a lieu également, dans une certaine mesure, par l'appoint des orphelinats, où les
missions abritent des milliers d'enfants des
deux sexes que des parents peu fortunés leur

apportent ou déposent sur leur seuil, quand ils ne s'en débarrassent point par des procédés plus expéditifs.

La place me manque pour aborder la question souvent débattue de l'infanticide en Chine. Je me permets seulement de recommander à ceux qui conserveraient à ce sujet quelques doutes, la lecture des remarquables études publiées dans les *Archives d'anthropologie criminelle*, par M. le docteur Matignon, et l'ouvrage consacré par lui aux bas-fonds du Céleste-Empire [1]. Ils seront pleinement édifiés. On alléguera peut-être, pour contester les services rendus par cette hospitalité infantile, que les Chinois sont déjà bien nombreux sur la planète et que le besoin ne s'imposait pas de préserver de la destruction quelques échantillons de cette peu affable espèce. Mais on ne saurait, de bonne foi, reprocher aux missions de considérer la question à un point de vue plus humain, quoique moins utilitaire.

La vérité est que dans le missionnaire les Chinois aujourd'hui visent surtout l'Européen, le représentant d'une civilisation enva-

1. Docteur J.-J. Matignon. *Superstition, crime et misère en Chine.* Masson, éditeur.

hissante et honnie. L'hostilité provient d'un
fanatisme non pas religieux, mais politique.
Les anciens missionnaires qui, mieux que personne, ont étudié ce peuple, n'ont jamais
varié sur ce point. « Le Chinois, dit Du
Halde, a été de tout temps ennemi de toute loi
étrangère, moins par attachement pour la religion du pays que par esprit de politique.
Dans les provinces, les mandarins sont natu-
rellement prévenus contre les missionnaires,
soit par le mépris et l'aversion que l'éducation chinoise inspire pour les autres nations,
soit par leur attention à arrêter ce qu'ils appellent « nouveautés étrangères [1]. » Ce sentiment, signalé, il y a près de deux cents ans,
par Du Halde, s'affirme à l'heure présente
sous la forme d'un proverbe populaire : « Derrière le missionnaire arrive le consul, derrière le consul le commerçant, derrière le commerçant le soldat! »

Ce que les Chinois ne pardonnent pas au
missionnaire, c'est d'avoir frayé la route à la
conquête économique et industrielle. En fait,
il fut non point la cause, mais la première vic-
time de l'agitation anti-étrangère. Sa situation

1. Du Halde. — *Description de l'empire de la
Chine*, t. I, p. 105.

est maintenant, à tous égards, plus précaire que dans le passé. N'oublions pas qu'il s'en était bien peu fallu que la Chine ne fût à lui et ne devînt un immense Paraguay, ce qui par parenthèse, eût été pour tout le monde un inconvénient moindre que d'avoir affaire aux Li et aux Cheng. Les Paraguay passent ; le mandarin a la vie dure. Les missions furent sérieusement menacées du jour où l'Europe entreprit, avec une hâte folle, de rénover la Chine à son profit. Aussi est-il plaisant de voir les promoteurs de cette régénération chimérique, les marchands de locomotives, les importateurs de rails, de canons et d'obus rejeter sur autrui la responsabilité de leurs déconvenues, se demander de quel droit on venait importuner ces pauvres Chinois en leur offrant des catéchismes et des Bibles. De quel droit, mon bon monsieur ? Mais en vertu du même droit que vous et moi nous nous arrogeons de nous improviser, si bon nous semble, hardis pionniers de la civilisation en apportant à ce même Chinois notre ferraille et notre camelote, dont il n'a que faire. Il faut qu'une Chine soit ouverte ou fermée. Si elle doit s'ouvrir, ce qui n'est peut-être pas indispensable au bonheur de l'humanité, que toutes les entre-

prises y aient le champ libre, les spirituelles
comme les temporelles.

Reste l'argument spécieux invoqué maintes
fois et qui peut se résumer ainsi : « Imaginez
qu'un Chinois s'avisât de venir vulgariser
chez nous ses livres canoniques, prétendît
nous initier aux mystères du *Y-King* et du
Chu-King, prêcher en plein Paris le culte de
Fo, les doctrines de Confucius ou de Lao-Tzé.
Ne pensez-vous pas que ce grotesque serait
daubé de belle façon et mis en demeure d'aller
exercer ses talents d'apôtre hors de nos frontières ? » Eh bien, non. J'avoue n'éprouver
aucune inquiétude au sujet de l'accueil ré-
servé à ce Chinois hypothétique. Il serait, je
crois, reçu avec faveur, et ses prônes seraient
fort suivis. Notre appétit d'exotisme y trouverait pâture. Le philosophe à peau cuivrée
aurait son parterre de snobs et de caillettes,
ses commentateurs, ses jolies pénitentes
anxieuses d'expliquer leur état d'âme entre le
lunch et le five o'clock. Il aurait le Tout-Paris
des premières, les arts et les lettres, les ate-
liers et les boudoirs et, qui sait, sur ses vieux
jours, une chaire au Collège de France.

IX

APRÈS LA TOURMENTE

Pékin délivré, les légations sauves ! La nouvelle a été saluée dans le monde entier par un
immense cri de joie. Je l'attendais, cette nouvelle heureuse, avec une confiance que n'a-
vaient pu ébranler les navrantes dépêches
nous apportant les détails circonstanciés du
prétendu massacre. Il y a deux mois de cela,
au risque de paraître bien optimiste j'expri-
mais ma conviction [1] que 400 Européens retranchés dans quelque coin de la cité tartare
et décidés à vendre bien cher leur vie résiste-
raient victorieusement. Tant qu'il resterait
aux assiégés des vivres et des cartouches, ils
réussiraient à tenir à distance tous les foudres

1. Voir l'Appendice.

de guerre de l'Empire du Milieu, les Tuan et les Tung-Fou-Siang. Pour qu'il en fût autrement, il eût fallu que la Chine eût changé du tout au tout depuis trois ans. A la place de la Chine, telle que je l'avais toujours connue, miracle d'orgueil imbécile, d'incohérence et de lâcheté, aurait surgi soudain une Chine transfigurée, unie, disciplinée, intrépide à l'attaque, prompte à l'assaut, une Chine, enfin, qui ne serait plus la Chine! Etait-ce possible?

Si l'ère des difficultés n'est pas close, il semble que le gros de l'orage s'éloigne, pareil à ces typhons qui s'abattent avec une impétuosité extrême sur les mers chinoises, mais passent vite. Une chose est dès à présent hors de doute : l'odieuse violation du droit des gens va recevoir le châtiment qu'elle mérite. Les satisfactions pour le présent, les garanties pour l'avenir seront d'autant mieux obtenues que l'occupation rapide de la capitale et la perspective d'une campagne relativement brève n'ont point empêché les puissances de renforcer prudemment leurs effectifs comme si la lutte s'annonçait longue et acharnée. Que le dénouement soit proche ou que, dans cet Orient fertile en surprises, le conflit traîne en

longueur, l'issue n'en est pas moins certaine.
L'Europe aura le dernier mot. Mais après?
Que fera-t-elle de sa victoire?

La question est sur toutes les lèvres. Aussi,
sans prétendre s'ériger en oracles, beaucoup
de bons esprits estiment, avec raison, que le
moment est venu d'aborder ce problème inquiétant des lendemains. Rétablir l'ordre,
frapper les coupables, si haut placés soient-ils,
c'est fort bien, et cette partie du programme
emporte l'approbation générale. Reste à s'entendre sur la médication à adopter vis-à-vis
de la Chine pour la guérir à tout jamais de
son accès de fièvre chaude. Il est aujourd'hui
surabondamment prouvé que dorénavant ses
assurances les plus solennelles ne sauraient
être acceptées qu'avec réserve. Rien n'égale
les subtilités, les ruses dilatoires du Chinois
lorsqu'il s'agit de conclure un traité, si ce
n'est l'aisance avec laquelle, le cas échéant,
il tient pour nul et non avenu le document
revêtu de son sceau. C'est à se demander dans
quel but sa diplomatie tortueuse et fugace se
dépense en arguties, faux-fuyants et stratagè-
mes avant de signer un acte dont, neuf fois
sur dix, elle a *in petto* résolu de ne faire aucun cas. Peut-être est-ce de sa part coquette-

rie pure, besoin inné de gagner du temps et
de parler pour ne rien dire. Toujours est-il
que promesses chinoises ne tirent pas à conséquence. L'essentiel n'est pas d'arracher à
la Chine un engagement explicite, mais de la
mettre hors d'état de manquer à sa parole.

Le moyen de l'obtenir, cette Chine, je ne
dirai pas réconciliée avec l'étranger, mais con-
trainte de subir docilement sa présence, cette
Chine tenue en laisse et muselée, qui grognera
sans pouvoir mordre?

L'histoire des insurrections chinoises étant
un perpétuel recommencement, nous ne saurions être surpris de voir surgir, à l'occasion
du mouvement des Boxeurs, des projets ana-
logues à ceux qui furent mis en avant, il y a
un demi-siècle, lors du grand soulèvement des
Taïpings. Déjà, à cette époque, l'idée avait
été émise d'une reconstitution de la Chine en
plusieurs royaumes sous le contrôle européen.
Elle est de nouveau dans l'air [1]. La solution
qu'elle inspire est ingénieuse et, au premier
abord, assez séduisante, mais infiniment com-

1. Voir, à ce sujet, dans *La Chine nouvelle*,
Revue illustrée d'Extrême-Orient, n° 8, l'intéres-
sante étude de MM. Louis Sculfort et Francis
Laur : *Les Quatre Chine*.

pliquée. Elle a ceci de particulier que ses partisans, tout en se défendant de vouloir porter atteinte au principe de l'intégrité territoriale du Céleste-Empire, ne visent à rien moins qu'à en opérer le démembrement. Ils reconnaissent volontiers que la division de la Chine entre les puissances serait, de toute évidence, une entreprise chimérique ; on ne s'adjuge pas ainsi des centaines de millions d'hommes, et toutes les armées de l'Occident ne suffiraient pas à nous maintenir en possession paisible de cette Chine morcelée. L'attribution des lots fût-elle possible, qu'elle entraînerait à courte échéance une conflagration universelle. Toutefois, s'empressent-ils d'ajouter, si les Européens ne peuvent songer à se partager la Chine, pourquoi le partage de l'énorme empire n'aurait-il pas lieu entre Chinois ? Et dans la Chine actuelle ils découpent plusieurs royaumes, introduisant par la pensée autant de monarques indigènes qui gouverneraient sous le contrôle de toutes les puissances. Il y aurait là, disent-ils, une simple reconstitution de ce que fut la Chine des anciens jours. Ces différents royaumes se feraient échec l'un à l'autre. Le remaniement, qui plus est, saurait tenir compte des grandes divisions naturelles

du pays ; il serait bien accueilli par des populations qui séparent déjà leur particularisme
étroit, les diversités de races et d'intérêts, l'absence de voies de communication rapides. Ne
dirait-on pas que la nature a tracé elle-même
les limites des nouveaux royaumes : Chine du
Nord, Chine du Centre, Chine du Sud, Chine
occidentale ?

Malgré cette collaboration de la nature, le
projet me paraît bien vaste, bien délicat pour
une Europe déjà si occupée, si hésitante à se
mouvoir dans une action commune lorsqu'il
s'agit de besognes autrement faciles.

Essayer de reconstituer, telle qu'elle était
il y a vingt-cinq siècles, la Chine des anciens
clans, ne serait-ce pas tenter l'impossible, aller à l'encontre de cette loi inéluctable suivant laquelle les nations, comme tous les êtres
organisés, tendent du complexe au simple ? La
Chine, sous le lent effort des siècles, a fait son
unité à sa façon, qui n'est peut-être pas la
bonne et qui, dans tous les cas, n'est pas la
nôtre ; elle n'est pas unie dans le sens que
nous attachons à ce mot. Mais, sous les diffé-
rences d'origines et de dialectes, sous les rivalités de province à province, le lien existe,
très résistant. D'une extrémité à l'autre de

l'empire, dans les régions les plus disparates, vous retrouvez les mêmes croyances, les mêmes superstitions, la même organisation de la famille, la même façon de se vêtir, une architecture d'un type uniforme, enfin et surtout un égal respect de la tradition, la même idolâtrie pour l'écriture, l'adoration des classiques. La Chine — singulière démocratie fédérative où le gouvernement central, figuré par un empereur-pontife, intermédiaire entre la Terre et le Ciel, n'est omnipotent qu'en théorie — a été unifiée par sa littérature. Fractionnée à l'infini, elle n'en présenterait pas moins l'aspect d'une masse compacte, impénétrable. Elle n'aurait jamais qu'une âme, et cette âme nous serait toujours hostile.

Je me souviens à ce propos d'avoir entendu, il y a quelques années, un Céleste de ma connaissance exprimer nettement son opinion au sujet du démembrement éventuel de sa patrie. Mon interlocuteur, employé à l'arsenal de Fou-Tchéou, était un jeune homme fort instruit, ayant fait toutes ses études en France. « Quant à moi, me déclarait-il, mon plus vif désir est de voir les nations européennes se partager la Chine. Et si j'appelle de tous mes vœux cette catastrophe, c'est pré-

cisément par amour pour mon pays. Notre
empire, il est vrai, serait mis en pièces, mais
sous la tutelle européenne chacune de ses parties acquerrait bien vite, avec le plein usage
de toutes ses forces vives, une prospérité in-
connue jusqu'alors. L'éducation du peuple
irait de pair avec le développement matériel
de la contrée. Puis, dans la suite des temps,
un jour viendrait où ces différentes Chines
que vous auriez vous-mêmes élevées, moderni-
sées, armées pour la lutte, vous jetteraient
dehors, se ressouderaient spontanément et for-
meraient le plus puissant empire du monde. »
Ainsi raisonnait mon Chinois. Il est à présu-
mer que parmi ses congénères il en est peu
qui soient capables de considérer de si haut
les relations de la Chine avec l'étranger ; tout
au plus un sur trois cent mille. Mais le nombre ne fait rien à l'affaire. Ce qu'il y a de
grave et de suggestif, c'est que l'idée ait pu
germer dans une cervelle indigène. Il n'en
faut pas plus pour me mettre en garde contre
les conséquences d'un protectorat collectif.
Enfin, est-il besoin d'indiquer les complications, les conflits redoutables qui naîtraient
fatalement d'un tel condominium ? S'imagine-
t-on les chancelleries aux prises non plus seu-

lement avec le gouvernement fantasque et
perfide du Fils du Ciel, mais avec plusieurs
cabinets de même acabit, multipliant de gaieté
de cœur les Tsong-li-Yamens? Instituer trois
ou quatre Chines? Miséricorde! c'est déjà bien
assez d'une seule.

Moins ambitieux sont ceux qui réclament
pour le Céleste-Empire une consolidation du
pouvoir central. L'Europe, à les entendre, est
en grande partie responsable de l'état d'anar-
chie où la Chine est tombée. Le résultat le
plus clair de sa politique de pénétration *per
fas et nefas* a été de déconsidérer et d'affaiblir
le gouvernement impérial. Son premier devoir
est de relever ce qu'elle a détruit ; il convient,
pour liquider le triste passé et préparer un
meilleur avenir, de rendre à la Chine un gouvernement fort.

La question est de savoir si le projet est
exécutable. On peut tout d'abord contester
que l'anémie du pouvoir central soit l'œuvre
de l'Europe. Il semble que si quelque chose a
fléchi en Chine, dans ces dernières années, ce
n'est pas précisément le pouvoir impérial,
mais plutôt le prestige européen. Au surplus,
on ne rétablit que ce qui a existé : or l'histoire
nous démontre qu'à aucune époque la Chine

n'a connu ce que nous appelons un gouvernement fort. Même sous les plus grands rè-
gnes, l'action de l'autorité souveraine sur l'ensemble de la nation fut très intermittente,
contrecarrée souvent par l'opinion publique,
par l'inertie ou le mauvais vouloir des fonctionnaires provinciaux. Hier, comme aujour-
d'hui, les agents du pouvoir central, gouverneurs ou préfets, furent en fait autant de
satrapes à peu près indépendants qui parfois
même négligeaient de sauver les apparences
et refusaient d'obtempérer aux injonctions for-
melles venues de Pékin. Les difficultés qu'é-
prouva Kang-Hi pour faire entendre raison
au vice-roi du Tché-Kiang nous en fournis-
sent une preuve saisissante.

Ce remuant personnage avait cru devoir
choisir, pour convier les populations au massacre des Européens (l'Europe n'était alors
représentée en Chine que par les missionnaires), le moment précis où ces Européens
étaient très en faveur à la cour, et pour cause.
Ils venaient, en effet, de rendre à l'empereur
un important service lors du traité de Nip-
chou, relatif à la délimitation de frontières
entre la Russie et la Chine. Les négociations
avaient été laborieuses : peu s'en était fallu

que l'on ne rompît les conférences pour en
venir aux coups. La paix fut maintenue grâce
à l'habileté de deux missionnaires, les PP. Ger-
billon et Perreyra, que l'empereur avait ad-
joints à ses plénipotentiaires en qualité d'in-
terprètes. Ils parvinrent à calmer les esprits,
passèrent plusieurs fois d'un camp à l'autre,
proposèrent des expédients et, ménageant avec
adresse les intérêts communs, persuadèrent
aux Moscovites de céder à la Chine un de
leurs postes avancés, la forteresse de Yacsa.
Il faut lire dans Du Halde [1] le curieux récit
de cette campagne diplomatique à la suite de
laquelle Kang-Hi combla d'honneurs le P. Ger-
billon, l'attachant à sa personne, lui assignant
une résidence au palais et l'emmenant avec
lui, soit dans ses villégiatures, soit dans ses
voyages en Tartarie.

Cette même année (1688), une persécution
terrible éclatait à Hang-Tchéou, à l'instiga-
tion du vice-roi du Tché-Kiang. Vainement
reçut-il l'ordre péremptoire de laisser en paix
les étrangers. Rendu plus furieux à l'idée que
ces Européens détestés avaient tant de crédit
à la cour, il continua de plus belle les empri-

---

1. *Description de l'empire de la Chine,* t. III.

sonnements et les bastonnades. Nouveaux messages de Pékin, intervention personnelle du prince So-San, proche parent de l'empereur, tout fut mis en œuvre pour convaincre ce forcené. Il ne céda que devant l'arrêt du tribunal des rites, confirmé par le souverain le 22 mars 1692.

Toujours est-il qu'en dépit de la volonté impériale, la promulgation de ce remarquable arrêt ne fut pas obtenue sans peine. Et cela se passait sous le règne du plus grand et du plus puissant des monarques chinois. Ce gouvernement fort avait mis près de quatre ans pour venir à bout des fantaisies d'un vice-roi. Il est permis de croire que, de nos jours, le pouvoir central, si bien restauré soit-il, ne réussirait pas mieux ni plus vite.

X

LA GARDE EUROPÉENNE

Au fond, peu nous importe comment sera reconstituée la Chine officielle. Que la dynastie mandchoue ait joué sa dernière partie et disparaisse à bref délai pour céder la place à des princes chinois plus ou moins authentiques, ce changement de personnes n'impliquerait pas de toute nécessité l'inauguration d'une politique nouvelle et cordiale, la sécurité absolue des relations entre l'Occident et l'Empire du Milieu. Il faut à l'Europe non des assurances solennelles ou des promesses écrites, mais des gages. Encore, la sagesse veut-elle que l'on évite autant que possible de les chercher dans une mainmise sur telles ou telles parcelles de territoire. Ces sortes de lotissements, déguisés sous l'euphémisme de *prise à bail*, n'ont d'autre avantage que de permettre la création de postes avancés, dans l'hypothèse d'un conflit entre puissances européennes ; en revanche, il est hors de doute que, loin de faciliter la pénétration de la Chine, ils ont porté à l'état aigu l'aversion des Chinois pour les civilisateurs d'Occident.

Dès lors, où prendre ces gages ? Quelle forme affecteront les garanties indispensables à la sauvegarde des étrangers ? Les forces alliées ne sauraient être indéfiniment maintenues en Extrême-Orient. Leur rôle consistera surtout à hâter le rétablissement de l'ordre, la punition des grands coupables, la réparation des dommages causés, le payement des indemnités exigées en faveur des victimes ou de leurs familles. Ces comptes préliminaires une fois réglés, les contingents reprendront la mer, et l'Européen se retrouvera face à face avec une Chine justement châtiée, humiliée, réduite au silence, mais tout aussi hostile que par le passé, si ce n'est plus. Il s'agit donc d'imposer à ces haines sourdes le respect des traités, de mettre à tout jamais les représentants de l'Europe à l'abri d'un coup de main.

Qui les protégera ? Sera-ce un corps de troupes internationales ? Etant données l'im-

portance des intérêts en jeu, l'âpreté des convoitises et les rivalités de race, cette protection
collective est grosse de dangers. Un jour peut-
être ces effectifs d'origines diverses, chargés
d'assurer la paix, en viendraient aux mains
pour la plus grande joie des Célestes.

Le problème, toutefois, n'est pas insoluble.
Il est, croyons-nous, un moyen de tourner la
difficulté, de concilier tout à la fois la liberté
d'action des puissances et la sécurité complète
de leurs mandataires. L'idée est tellement
simple, qu'elle a dû venir à beaucoup d'esprits.
Aussi nous garderons-nous de la présenter
comme une trouvaille. Si nous la soumettons
respectueusement à l'attention de nos lecteurs et à l'examen des chancelleries, notre
excuse est que nous ne l'avons encore entendu
exprimer nulle part. Peut-être cela tient-il à
ce que le moyen n'est point nouveau : toute
complication d'une gravité exceptionnelle appelle, semble-t-il, un remède extraordinaire.
Cependant, les remèdes de bonne femme ont
parfois leur valeur et il n'est pas inutile de les
proposer, dût-on, ce faisant, prêter à rire.

Je me représente cette garde européenne,
non pas à l'état de détachements fournis par
les puissances, chacun ayant son autonomie

propre, maintenu sous l'autorité directe de sa
légation et, par suite, assumant un double
rôle, chargé tour à tour de protéger un ministre et d'appuyer sa politique ; je la conçois
comme une force homogène, indépendante,
obéissant à un seul chef, placé au-dessus des
ambitions rivales, des compétitions, des luttes
d'influences. Sa mission serait exclusivement
protectrice, son unique devoir d'imposer aux
indigènes le respect de leurs hôtes, de veiller
au salut des étrangers. Ce ne serait point un
instrument de combat, mais une garde d'honneur, la garde du corps européen. Il faudrait
donc que le commandement, sinon le recru-
tement, en fût confié à des hommes désignés
par une nation neutre ; je dirai plus, par une
nation qui n'eût jamais été mêlée directement
ou indirectement à la politique extrême-orien-
tale et n'eût point de représentant accrédité
auprès du Fils du Ciel, par une nation stricte-
ment continentale ne rêvant pour le développement de son commerce ni points d'appui,
ni concession, ni dépôts de combustible, attendu qu'elle trafique sous tous les pavillons
et que ses couleurs n'ont jamais été déployées
sur les mers. Une garde suisse ! Et pourquoi
non ? Il y aurait sans doute comme une iro-

nie de la destinée dans le fait de voir cette
formidable Europe, avec ses millions de baïon-
nettes, ses tonnerres roulants et flottants, réduite à invoquer contre le guet-apens possible
de l'Asiatique le concours d'un peuple dont
l'histoire fut grande, mais dont le territoire
tient si peu de place sur la mappemonde. Il y
aurait autre chose encore. Ce choix enlèverait
à l'occupation permanente de la capitale et
de certaines villes jusqu'aux apparences de
coercition brutale. Ce corps d'élite ne repré-
senterait pas seulement l'Europe armée, mais
l'Europe unie dans une pensée commune et
pacifique, affirmant d'une manière saisissante
et tangible l'existence d'un principe supérieur
que la Chine n'a jamais connu ni voulu con-
naître, le droit des gens.

Puisque nous sommes en train de légiférer
pour le plus grand bonheur de l'Europe — et
de la Chine — entrons, si vous le voulez bien,
dans quelques détails. Il va sans dire qu'il ne
saurait être question de recruter les effectifs
exclusivement sur le territoire helvétique. La
Confédération, selon toute apparence, soulè-
verait à cet égard quelques difficultés, alléguant avec raison que sa constitution même
ne permet point un tel enrôlement. Les hom-

mes pourraient être de toutes nationalités et contracter l'engagement devant les autorités de leur pays. L'essentiel serait seulement que cette force eût un caractère d'absolue neutralité. Par suite, les officiers seuls devraient recevoir leur commission des mains d'un chef d'Etat neutre. Je ne vois pas les motifs qui pourraient déterminer la Suisse à décliner l'honneur de procéder, au nom de l'Europe, à cet acte d'investiture.

Qui donc nommerait les officiers? Le président de la Confédération helvétique, sur la présentation de l'état-major fédéral. C'est de lui que le commandant en chef tiendrait ses pouvoirs, à lui seul qu'il aurait à rendre compte de sa mission. Une fois en Chine et dans la limite nettement tracée de ses attributions, il agirait sous sa responsabilité, n'aurait à recevoir les ordres d'aucune autorité *européenne ou chinoise*. Placé avec ses troupes au milieu des multitudes jaunes, il serait là comme le capitaine sur son navire, le seul maître après Dieu. Est-il besoin d'ajouter que la liberté d'action des puissances resterait entière, que nulle atteinte ne serait portée à leurs prérogatives et privilèges, chacune conservant la faculté de poursuivre comme il lui convient le règlement de ses différends avec la Chine? La Russie, par exemple, n'aurait que faire de recourir à la garde européenne pour exercer, à la suite d'un incident de frontière, une pression sur le Tsong-li-Yamen, pas plus que la France n'abdiquerait son droit de protection sur les missions catholiques.

Il va de soi que la solde devrait être élevée. Nous pouvons nous montrer d'autant plus généreux que la Chine ferait tous les frais. Pour ce service de confiance ce ne serait pas trop de quarante à cinquante taëls par mois, soit 2 000 francs par an en chiffres ronds. L'engagement serait contracté pour quatre ans, le voyage payé aller et retour. A l'expiration de son temps, chaque homme, au jour du rembarquement, recevrait par surcroît une année de solde entière, ce qui revient à dire que le « garde européen », défrayé de tout, percevrait en compensation de ses quatre années d'exil volontaire la bagatelle d'une dizaine de mille francs. A ce prix-là on n'aurait que l'embarras du choix. Seuls seraient admis les gens de valeur éprouvée et d'antécédents irréprochables. La Chine pourrait se vanter d'être bien gardée contre elle-même, fierté d'autant plus légitime que ces belles troupes seraient,

bien entendu, des troupes impériales et ma-
nœuvreraient sous l'étendard chinois, d'or au
Dragon d'azur. Seulement, comme les lettrés
ne se feraient pas faute de laisser entendre au
peuple que la Chine, tenant en médiocre estime le métier des armes, a daigné prendre à
ses gages ces mercenaires européens trop heureux de venir « manger le riz de l'empereur »,
il serait bon, afin d'éviter tout malentendu,
que l'on inscrivît sur le drapeau trois ou
quatre beaux caractères dont la signification
serait : *Garde impériale des grands hommes*,
ou quelque chose d'approchant. Nos sinologues
n'auraient pas de peine à trouver cela. Et je
crois que partout où flotterait ce drapeau, que
ce soit au champ de manœuvre ou devant la
chaise verte d'un ministre ou d'un consul, la
marmaille elle-même n'aurait pas envie de
rire.

L'effectif de cette petite armée de la paix ?
Huit ou dix mille hommes. C'est beaucoup,
dira-t-on, pour les finances chinoises, bien peu
pour assurer une protection efficace contre
les soulèvements de pareilles foules. L'Europe, je ne l'ignore pas, doit mesurer ses exigences aux ressources de la Chine ; mais la
Chine, nous le verrons tout à l'heure, peut

aisément subvenir à cette dépense. Quant à la force numérique de la « garde européenne », elle serait plus que suffisante pour parer à toute éventualité. Quand nous venons de voir une poignée de braves tenir tête pendant deux mois aux réguliers de Tuan et de Tong-Fou-Siang appuyés par toutes les hordes des Boxeurs, il n'est pas permis de douter que la seule présence de trois ou quatre régiments maintiendrait dans une prudente quiétude la ville et la cour, la soldatesque et la canaille. Quatre ou cinq mille hommes assureraient l'ordre dans la capitale et la liberté des communications par voie ferrée jusqu'à la côte. Le reste serait affecté à la protection des consulats et de la colonie étrangère dans certaines grandes villes de l'intérieur que ne peuvent surveiller les canonnières des escadres. L'imagination orientale, qui magnifie toutes choses, centuplerait le nombre des bataillons. De bouche en bouche, de province en province se transmettrait l'étonnante nouvelle d'une Europe en armes, partout présente, irrésistible, mais décidée à n'user de sa toute-puissance que pour affermir la paix.

L'expérience, à coup sûr, coûterait cher, moins cher pourtant que les armements insen-

sés auxquels s'est livré depuis quelques années le gouvernement chinois sous les regards
approbateurs de l'Europe. Or, la Chine a
trouvé moyen de solder ces commandes à
beaux deniers comptants. Les mesures déjà
prises pour arrêter l'importation de ce matériel de guerre devront être généralisées. Il est
urgent qu'une entente intervienne à ce sujet
entre les puissances et que la prohibition soit
irrévocable. Tout au plus pourrait-on tolérer
que la métallurgie européenne écoulât ses
produits sous des formes plus inoffensives. Si
la Chine veut des engins de destruction, qu'on
lui fabrique des mousquets d'ancien modèle,
des fusils de traite, à pierre ou à piston, des
canons se chargeant par la gueule. Mieux
vaut encore qu'elle renonce à jouer avec les
armes à feu, qu'elle désapprenne les enseigne-
ments dont nous l'avons follement nourrie
pour notre malheur, comme si le rôle éducateur de l'Europe eût consisté à faire de ce
peuple de bureaucrates et de marchands une
nation de guerriers. Entretenons-le plutôt
dans son vieux dédain pour l'art des combats ;
cultivons avec un soin jaloux la lâcheté na-
tionale et providentielle faute de laquelle le
Chinois fût devenu le fléau du monde. Plus

de missions militaires, plus d'officiers instructeurs. Fermez ou transformez les arsenaux ;
que leurs chantiers fabriquent désormais des
chaloupes et des chalands pour les douanes,
des locomotives ou des wagons, tout ce qu'il
vous plaira, sauf des obus et des cartouches.

C'est dans ces économies, réalisées sur son
budget de la guerre, que la Chine doit trouver
tout ou partie des sommes nécessaires à l'entretien de la nouvelle armée, très réduite certes mais vraiment moderne, substituée par
nous à l'ancienne et menaçante mascarade.
A supposer que, par impossible, ces ressources
ne fussent pas tout à fait suffisantes, en ce
cas la Chine s'imposerait quelques légers sacrifices, établirait les taxes indispensables.
N'est-ce pas là, somme toute, qu'elle devrait
en venir si par hasard l'Europe exigeait d'elle
une sérieuse indemnité de guerre, un milliard
ou davantage ? Combinaison peu souhaitable
au demeurant, car le payement d'une indemnité suppose au préalable un emprunt, et c'est
l'Europe qui fournirait l'argent, donnant de
la main droite pour recevoir de la main gauche. Le plus sage est de chercher des compensations d'un autre ordre, des garanties plus
efficaces et moins onéreuses. Il nous semble

que la « garde impériale des grands hommes »
donnerait, du moins dans une certaine mesure,
les unes et les autres. Sa création ne consti-
tuerait pas de la part de l'Europe une existence à laquelle la Chine serait hors d'état de
satisfaire ; elle n'aurait en aucune façon le
caractère d'une mesure exclusive capable de
soulever les défiances et les jalousies. Elle ne
mettrait pas en péril une entente déjà peu
solide, si l'on en juge par la sollicitude in-
quiète dont on l'entoure, par l'insistance avec
laquelle la presse et les hommes d'Etat de
tous les pays appellent quotidiennement l'attention des alliés sur la nécessité de savoir ce
qu'ils veulent et de le vouloir tous ensemble.
Elle répondait, enfin, au vœu le plus cher de
l'accord européen, qui paraît être de préserver
le Céleste-Empire d'un effondrement, tout en
lui enlevant les moyens de renouveler sa sanglante équipée.

La Chine, évidemment, ne serait pas encore la Terre promise ; elle deviendrait seulement plus habitable pour les étrangers. Ceux-
ci n'auraient plus qu'à reprendre la tâche in-
terrompue, avec toutes chances de mener à
bien leurs entreprises s'ils consentaient à ne
pas aller trop vite, s'ils se pénétraient de cette

vérité, que l'on ne transforme pas du jour au
lendemain une civilisation baroque mais
vieille déjà de trois mille ans. Exploitée à
l'européenne, enrichie d'usines et de chemins
de fer, mise en tutelle ou mise en morceaux,
si jamais, ce dont je doute, les héritiers parve-
naient à s'entendre pour procéder au partage
de cette succession embrouillée, la Chine,
soyons-en persuadés, n'en conserverait pas
moins son apparente hégémonie. Nous pour-
rons lui donner nos méthodes, notre outillage
industriel, non notre âme. Telle nous voyons
cette race, telle elle restera, selon toute vraisemblance, pendant des âges, impuissante à
trouver en elle-même les éléments d'une régénération. Sa renaissance, si elle devait venir,
ne commencerait que du jour où l'étranger
se mêlerait à elle, non plus par juxtaposition,
mais par alliance, union féconde. L'éclosion de
cette population métisse demanderait bien
du temps, et l'on ne saurait envisager sérieusement des éventualités aussi lointaines.

La Chine, qu'elle change ou non de maîtres, vivra encore de longs jours. Cahotée dans
son ornière en vertu de la vitesse acquise, elle
durera par cela même qu'elle a longtemps
duré et que toutes les molécules de ce grand

corps ont acquis, avec l'âge, la résistance du
cristal. Mais elle subsiste inerte, repliée sur
elle-même, sans répandre autour d'elle ni lumière ni chaleur. Elle a accompli son évolution. Pourquoi donc échapperait-elle seule à
la loi universelle de l'essor sublime suivi de
l'irrémédiable déclin, à la loi qui régit les individus, les races, les mondes ?

Les astronomes nous parlent de certaines
étoiles « qui éprouvent dans leur couleur et
dans leur clarté des variations remarquables ;
d'autres encore qui, après avoir répandu une
vive lumière, ont soudain disparu. Ces astres,
devenus invisibles, sont cependant à la même
place où ils furent observés, puisqu'ils n'en
ont point changé durant leur apparition. Il
existe donc dans les espaces célestes des corps
obscurs aussi considérables et peut-être en
aussi grand nombre que les étoiles [1] ». Ils n'é-
mettent plus un rayon, ils gravitent sans chaleur, sans lumière ; et cependant, qui oserait
affirmer que ces soleils glacés sont des soleils
morts ? Qui sait si la vie, une vie étrange, in-
concevable pour nous, ne se perpétue point
dans leurs ténèbres, comme elle persiste dans

1. Laplace. *Système du monde.*

les abîmes, sous les neiges des pôles et jusque dans les noires profondeurs des mers?...

Au firmament des nations, la Chine c'est l'étoile éteinte, l'astre obscur.

APPENDICES

A

LE SILENCE DE PÉKIN

Le *Temps*, 27 juin 1900.

Mon cher directeur,

Dans l'entretien que nous avons eu ce matin sur les événements de Chine, vous me demandiez notamment ce que je pensais du silence inquiétant de la capitale isolée depuis une douzaine de jours du reste du monde, mes craintes ou mes espérances relativement au sort des Européens enfermés dans Pékin. Une impression, un pressentiment, rien de plus. Car le fait d'avoir séjourné plusieurs années en Extrême-Orient et parcouru dans le Céleste Empire quelques milliers de kilomètres ne confère point, hélas! au voyageur le don de seconde vue.

Je vous ai dit pour quels motifs, très sérieux à mon sens, j'avais lieu de supposer que les légations sont encore saines et sauves. Si je crois devoir résumer ici les raisons exposées de vive voix, ce n'est point de ma part — vous vous en doutez — désir puéril de dire mon mot sur la question chinoise, mais afin d'adresser par la voie du journal des paroles de réconfort et d'espoir à ceux de vos lecteurs qui ont, dans la petite colonie européenne de Pékin, quelque parent ou ami.

Avant tout, une remarque s'impose. La situation, en dépit de sa gravité, n'est point aussi extraordinaire qu'on serait, de prime abord, tenté de le croire. Ce n'est pas la première fois qu'une grande ville de Chine se trouve isolée de la sorte par le fait d'une de ces rébellions qui sévissent dans l'empire à l'état endémique. Toutes sont, plus ou moins, exposées à ces sortes d'aventures. Pékin n'échappe point à la loi commune. L'événement passe presque inaperçu lorsqu'il se produit très loin dans l'intérieur, au fond du Kan-Sou ou du Sé-Tchouèn. Il en est tout autrement si le malheur veut que l'orage éclate à proximité du littoral, menaçant non plus seulement le monde jaune, mais les établissements européens, les légations, les consulats. L'émotion alors est intense, le fait prend les proportions d'une catastrophe inopinée, sans précédent.

Eh bien — et ceci m'est une première raison de croire que la situation à Pékin n'est nullement désespérée — le blocus de la capitale était depuis longtemps prévu, attendu comme une conséquence inévitable des échauffourées sanglantes de Pao-Ting-fou et des progrès des « Boxeurs ». Je n'en veux d'autre preuve qu'une lettre tout récemment reçue d'un de mes bons amis de Pékin. Cette lettre porte la date du 2 avril. A cette époque, mon correspondant considérait l'investissement de la ville par les rebelles comme très proche. Il semblait au surplus envisager cette éventualité avec une quiétude parfaite, ajoutant seulement qu'en prévision de l'événement inévitable on ne tarderait pas sans doute à réclamer de petits détachements de marins pour la garde des légations. D'ailleurs, aucune appréhension manifestée touchant les conséquences possibles du siège pour la sécurité de la communauté européenne. Et cependant mon ami n'est point, en ces parages, un nouveau

venu enclin aux illusions. Il connaît bien la
Chine où il réside depuis plusieurs années, en
contact quotidien avec la population indigène.

Les légations disposaient, avant l'arrivée —
problématique — du détachement international commandé par l'amiral Seymour, d'environ cinq cents hommes de choix. Cette
troupe possédait plusieurs mitrailleuses. Etant
donnée la situation, très propice à la défense,
du quartier des légations, cette force était plus
que suffisante pour les garantir d'un coup de
main. A noter, en particulier, la proximité du
rempart séparant la cité tartare de la ville
chinoise. Ce rempart où l'on accède par de
larges rampes est à moins de cent mètres de
la rue des Légations. On n'a point souvenir
qu'il ait jamais été armé ni gardé. C'est un
simple promenoir, le belvédère où les Européens viennent l'été, au jour tombant, chercher un peu de fraîcheur. Rien de plus aisé
que d'occuper la partie de la muraille domi-
nant les légations ; une poignée d'hommes,
ainsi postée, appuyée d'une ou deux mitrailleuses, non seulement défendrait les appro-
ches contre tout venant, mais tiendrait sous
la menace de son feu la ville (chinoise et tartare) et le palais impérial.

Une attaque générale par la populace est beaucoup moins à redouter à Pékin que partout ailleurs en Chine. Pékin, on ne saurait trop le répéter, n'est nullement, comme on le croit généralement sur la foi d'informations fantaisistes, une agglomération grouillante de deux millions d'habitants. Ce chiffre (ville chinoise et ville tartare réunies) doit être ramené à quatre ou cinq cent mille au plus. Tien-Tsin, en revanche, en compte environ quinze cent mille. C'est la grande ville du Nord ; la population y est très mêlée, très tumultueuse. Il n'en est pas de même à Pékin, cité peu commerçante, habitée surtout par des fonctionnaires et des marchands au détail. C'est le cadre d'une grande ville plutôt qu'une grande ville. Il y a moins d'édifices que de terrains vagues.

Les Boxeurs et la soldatesque qui toujours en pareil cas, avec ou sans ordres, fait cause commune avec les pillards, ne doivent pas, selon toute vraisemblance, être dans Pékin, mais autour de Pékin. Il est improbable que les portes de la ville, si soigneusement closes en temps de paix, dès le coucher du soleil, soient restées grandes ouvertes devant ces hordes. Quelle que puisse être la bienveillance,

avouée ou secrète, de la cour pour les Boxeurs,
son intérêt même et le vulgaire instinct de
conservation l'engageraient à maintenir à distance respectueuse ces turbulents alliés.

L'appel adressé par la cour à Li-Hung-
Chang, me paraît significatif. Si l'impératrice
douairière mande auprès d'elle le vieux vice-
roi, ce n'est point, je le suppose, pour lui faire
constater l'égorgement du corps diplomatique,
mais plutôt avec l'intention de l'employer
comme médiateur pour faire sa paix avec les
puissances.

Le *Temps* du 25, commentant ce rappel de
Li-Hung-Chang, fait remarquer que, si le dé-
cret impérial est postérieur, comme tout semble l'indiquer, à la rupture du télégraphe, on
doit se demander quel chemin il a suivi et
quels procédés purement chinois en ont pu
accélérer la marche. Le procédé est simple.
De ce que Pékin ne peut communiquer directement avec l'Europe, il ne s'ensuit pas que
les Chinois demeurent sans nouvelles de la
capitale. Ils en reçoivent, n'en doutez pas, et
très rapidement. A défaut du fil ils ont... les
pigeons voyageurs. Cette télégraphie ailée est
couramment employée par les particuliers,
par les maisons de commerce et les banques

chinoises pour les informations relatives au cours du change, etc., etc. C'est précisément la colombophilie indigène qui, pour écarter les oiseaux de proie, inventa ces légers pipeaux de bambou destinés à être attachés sous l'aile du messager et dont la mélopée aérienne est si familière à quiconque habita Pékin. On me persuadera difficilement que, dans les circonstances présentes, les spéculateurs chinois, si rompus dans l'art de pêcher en eau trouble, aient renoncé à pratiquer ce mode de correspondance, lequel réunit comme pas un ces qualités essentielles : la célérité et la discrétion. C'est ainsi que sont parvenues jusqu'à nous les dernières nouvelles, de source chinoise, attestant que les légations n'avaient point souffert. J'estime que, jusqu'à preuve contraire, il y a lieu de prendre en considération sérieuse ces nouvelles, de préférence aux racontars sensationnels et lugubres émanés des agences de Shanghaï ou de Hong-Kong. Ajouterai-je qu'il est vraiment regrettable que, dans un pays où, même en dehors des temps troublés, la protection des lignes télégraphiques n'est assurée que de façon précaire, les résidents européens n'aient point recouru, dès longtemps à ce moyen d'information supplémentaire. L'amiral Seymour eût pu, de la sorte, tenir l'Europe au courant de ses faits et gestes.

Quoi qu'il en soit, il résulterait des observations précédentes jetées à la hâte et dont vous excuserez le décousu, que la situation des Européens à Pékin, pour pénible qu'elle soit, n'est point forcément tragique. Je voudrais, certes, vous donner mieux qu'une espérance. Mais, à défaut de la certitude, du moins ai-je, dans l'angoisse du silence actuel, la ferme croyance que les représentants de la civilisation européenne à Pékin, diplomates et missionnaires, sortiront indemnes de ces épreuves.

En ce moment même où j'envoie un souvenir ému à ceux dont l'amitié me fut si précieuse durant mes divers séjours dans la capitale barbare, ce salut, j'en ai le ferme espoir, ne s'adresse point à des morts.

MARCEL MONNIER.

B

EN CHINE

Le *Temps*, 30 juin 1900.

A M. le directeur du *Temps*.

Permettez-moi d'ajouter quelques mots aux observations formulées dans ma lettre d'avant-hier au sujet de la situation des représentants de l'Europe enfermés à Pékin.

Les nouvelles que nous apportent les télégrammes d'hier et de ce jour sont de plus en plus extraordinaires et confuses. Suivant les dernières dépêches, les ministres auraient quitté Pékin. On nous les représente, d'une part, sortant de la capitale dans la direction du Nord. S'il fallait en croire une autre version, ils auraient, *dès le 19*, reçu du Tsong-li-Yamen l'ordre de partir dans les vingt-quatre heures et s'achemineraient vers la côte accompagnés, eux et leurs détachements, par une escorte chinoise. Cette dernière nouvelle serait parvenue à Tien-Tsin dans une lettre adressée par l'inspecteur général des douanes, sir Robert Hart, à l'un de ses agents. Sir Robert serait donc toujours à Pékin et le corps diplomatique serait parti seul, laissant derrière lui les autres membres de la petite communauté européenne ! Je me refuse à le croire — à moins toutefois qu'il n'ait été expulsé par la force, *manu militari*. Il me paraît difficile d'admettre que les ministres aient quitté Pékin de leur plein gré. Ils se trouveraient, en effet, infiniment moins exposés à l'intérieur de la capitale qu'au dehors, même — je n'ose pas dire *surtout* — avec la protection de saufs-conduits chinois et d'escortes fournies par les troupes impériales.

Si le malheur voulait que la vieille impératrice eût réussi à les éloigner, cela lui permettrait, en cas de massacre, de continuer son double jeu et de chercher à décliner, au jour du règlement de comptes définitif, la responsabilité de ces assassinats. Elle ne manquerait pas de prétendre que si le corps diplomatique s'est retiré, c'est qu'il l'a voulu et qu'elle n'a fait qu'accéder à ce désir, ajoutant que cet événement à jamais regrettable ne se serait pas produit si les Européens fussent demeurés sous la protection immédiate de la cour.

Il est certain que, s'il est, dans les temps de trouble, un endroit où les étrangers, et le corps diplomatique en particulier, aient chance de trouver une sécurité relative, c'est à côté du palais impérial. En pareil cas, la cour, si elle avait le dessein bien arrêté de supprimer les représentants de l'Europe, se verrait dans la nécessité de les faire exterminer sur son ordre exprès et en quelque sorte sous ses yeux, assumant ainsi hautement la responsabilité de ces horreurs. Cette terrible franchise — qui n'a rien d'impossible de la part d'une souveraine en délire — n'est cependant pas dans la manière chinoise.

L'hypothèse d'une expulsion brutale ne pourrait s'expliquer que par une surprise suivie d'une capture.

Or nous voyons — et c'est même la seule information certaine — que les multitudes chinoises n'ont pas eu raison de la faible colonne internationale commandée par l'amiral Seymour. Depuis bientôt quinze jours, ce petit corps de 2 000 hommes, ne disposant que de 150 cartouches par soldat et de 8 jours de vivres, tenait tête, *en rase campagne*, à des troupes que les supputations les plus modérées évaluent à 60 000 hommes. Après ces deux semaines de marche, de contre-marches et de combats, il n'accuse que 312 blessés !

Je persiste donc à penser — et la résistance de la colonne Seymour semble confirmer cette manière de voir — que les 7 à 800 Européens, dont 500 soldats ou marins d'élite, retranchés dans Pékin, possédant cinq canons à tir rapide, peuvent se maintenir aujourd'hui encore.

MARCEL MONNIER.

C

A l'appui des observations contenues dans ce chapitre écrit au début de la crise chinoise, nous ne saurions mieux faire que de soumettre à l'attention du lecteur le texte de la dernière note russe relative à l'évacuation de Pékin :

Dans ces derniers temps, les événements militaires ont pris rapidement une tournure inattendue ; un détachement peu important des troupes internationales, dont la tâche consistait à délivrer les étrangers assiégés dans les légations des puissances, a réussi, non seulement à remplir la tâche qui lui était primitivement fixée, mais aussi à disperser les bandes de rebelles qui s'étaient concentrées dans la capitale de l'Empire du Milieu, et à prendre des mesures pour la sécurité des communications avec Pékin. Ces circonstances favorables ne modifient cependant en rien le programme politique élaboré avant ces événements par la Russie et dont les bases sont indiquées dans le dernier communiqué du gouvernement.

Comme il est dit dans ce communiqué, la Russie n'a pas déclaré la guerre à la Chine ;

les troupes russes ont pénétré dans le territoire de l'État voisin pour des buts déterminés, dont la plus grande partie sont actuellement atteints. Pour éviter que des malentendus ou des interprétations injustes se fassent jour, l'empereur a ordonné au ministre des affaires étrangères d'adresser aux représentants de la Russie accrédités à l'étranger la dépêche circulaire suivante :

Dépêche circulaire du ministre des affaires étrangères du 25 août : Les buts principaux que le gouvernement impérial, dès le début des troubles chinois, s'est proposé d'atteindre sont les suivants :

1° Protection de la légation de Russie à Pékin et garantie de la sécurité des sujets russes contre les intentions criminelles des rebelles chinois ;

2° Affirmation de l'aide apportée au gouvernement chinois dans sa lutte contre les troubles dans l'intérêt du prompt rétablissement de l'ordre légal dans l'empire chinois. Lorsque, par suite des troubles, toutes les puissances intéressées eurent décidé d'envoyer dans le même but des troupes en Chine, le gouvernement russe a mis en avant le principe suivant comme devant servir de fil conducteur dans les événements de Chine : maintien de l'organisme existant en Chine ;

3° Mise à l'écart de tout ce qui pourrait conduire au partage de l'Empire du Milieu ;

4° Établissement, par les forces alliées, d'un

gouvernement central régulier à Pékin ; ce pouvoir étant seul en mesure de garantir l'ordre et
la paix dans le pays.

Presque toutes les puissances étaient tombées
d'accord sur ces points. Le gouvernement russe,
ne poursuivant pas d'autres buts, demeurera
inébranlablement fidèle à son programme d'action primitif.

Lorsque le cours des événements tels que
l'attaque de nos troupes par les rebelles à Niou-
Tchouang et une série d'actes hostiles des Chinois sur notre frontière, comme le bombardement de Blagovechtchensk, obligèrent la Russie
à s'emparer de Niou-Tchouang et à faire avancer
des troupes dans le district de la Mandchourie,
les mesures temporaires qui n'ont été prises qu'à
la suite de la nécessité absolue de repousser les
attaques des rebelles chinois ne peuvent en
aucune façon passer pour de soi-disant preuves
des plans égoïstes de la politique impériale.

Lorsque, ce qui arrivera bientôt, l'ordre sera
complètement rétabli en Mandchourie, il fau-
dra nécessairement prendre des mesures pour
protéger la ligne de chemin de fer dont la construction est garantie par une convention spéciale avec la Chine, en suite de la concession
donnée à la Société du chemin de fer de l'Est
chinois.

La Russie ne manquera pas de rappeler ses
troupes de ce district, si cependant la manière
d'agir d'autres puissances n'y met pas d'obstacles.

Il est évidemment de l'intérêt des autres puissances étrangères et des sociétés internationales qu'il y ait des ports ouverts pour le commerce international et que Niou-Tchouang leur soit ouvert, ainsi que les lignes des chemins de fer soient de nouveau rétablies et garanties contre toute interruption.

Les événements s'étant précipités, par la prise de Pékin, la première tâche que s'était tracée le gouvernement impérial, à savoir la délivrance des représentants des puissances et de tous les étrangers se trouvant assiégés avec eux, a été remplie.

La deuxième tâche, celle qui consistait à offrir un appui à un gouvernement central légal et à coopérer avec lui au rétablissement de l'ordre et de relations régulières avec les puissances, apparaît jusqu'ici d'exécution difficile, par suite de l'absence de sa capitale de l'empereur de Chine et aussi de l'impératrice régente. Les circonstances étant telles, le gouvernement impérial de Russie ne voit pas de motifs suffisants pour que les légations étrangères accréditées près le gouvernement chinois demeurent plus longtemps à Pékin.

Le gouvernement a donc décidé de rappeler à Tien-Tsin son ministre, M. de Giers, avec toute la légation ; les troupes russes l'y accompagneront, leur présence désormais à Pékin n'ayant plus de but, d'après les déclarations plusieurs fois répétées et fermes du gouvernement, du moment que la tâche qui leur était fixée ne semble plus avoir de chance d'être accomplie.

Aussitôt qu'un gouvernement chinois régulier prendra de nouveau en main les rênes de l'État et nommera des représentants dotés de pleins pouvoirs pour traiter avec les puissances, la Russie ne manquera pas, de son côté, après entente avec toutes les puissances étrangères, d'envoyer ses fondés de pouvoir en tel lieu où devront se faire les négociations.

En vous ordonnant de porter tout ce qui est ci-dessus à la connaissance du gouvernement auprès duquel vous êtes accrédité, nous espérons que ce gouvernement partagera notre opinion.

A la suite de la circulaire précédente adressée aux puissances étrangères, M. de Giers et le général Linevitch ont reçu des instructions pour prendre immédiatement, en exécution des intentions du Tsar, des mesures pour le transport à Tien-Tsin de la légation de Russie, des sujets russes et des troupes russes de Pékin ; bien entendu, toutes les circonstances locales dûment considérées à ce sujet.

Ce communiqué officiel, publié par le *Messager du Gouvernement* de Saint-Pétersbourg, a causé en Europe un certain émoi. Il suffit cependant d'un peu de réflexion pour se rendre compte que la Russie ne pouvait pas adopter une autre politique. Son attitude présente

est la conséquence logique du programme
qu'elle s'est imposé depuis l'époque lointaine
où elle se trouva en contact avec la Chine. On
ne peut raisonnablement demander à la Russie
en Extrême-Orient autre chose qu'une politique russe.

De toutes les puissances, la Russie est la
seule qui puisse, au lendemain de la prise de la
capitale, retirer ses troupes de Pékin, ordon-
ner au personnel de sa Légation de se replier
sur Tien-Tsin, sans que cette retraite soit in-
terprétée par les Chinois comme un acte de
faiblesse. Ils y verraient au contraire une
nouvelle preuve d'amitié de la part de leur
toute-puissante voisine désireuse de leur épar-
gner non seulement une expiation trop ri-
goureuse mais jusqu'aux froissements d'a-
mour-propre.

Il n'en est pas de même des autres puissances. Leur retraite précipitée, le départ de
leurs légations, seraient enregistrés par la
Chine comme autant de victoires sur les barbares d'Occident. Et c'est pourquoi elles hési-
tent. A l'heure où nous écrivons, les pourpar-
lers ont déjà traîné quinze jours. Il est probable qu'une solution ne saurait tarder. Peut-
être se bornera-t-on à retirer le gros des trou-

pes à quelques lieues de Pékin tout en laissant
dans la capitale, auprès des légations, un mil-
lier d'hommes à titre de garde d'honneur. C'est
à Pékin que les ministres résident, c'est là
qu'ils furent victimes d'une agression odieuse,
au mépris du droit des gens. C'est à Pékin
qu'ils doivent recevoir les plénipotentiaires
impériaux. Les Chinois ne manqueraient pas
de voir dans leur départ, non pas un acte de
politique conciliante, mais une véritable fuite.
Seul le représentant de la Russie peut se retirer sans compromettre en rien le haut renom
de son pays et le prestige de l'Europe, attendu
que Russes et Chinois se touchent de trop près
pour que ceux-ci soient jamais tentés d'envisager ceux-là avec le dédain manifesté par les
Célestes vis-à-vis des Occidentaux. La Russie
est pour eux avant tout une grande puissance
asiatique.

D

Il n'est pas inutile d'insister sur cet arrêt fameux qui devrait être considéré comme la charte des missions de Chine. Le Tribunal des Rites ne s'était pas rendu sans résistance. Par deux fois ses décisions avaient été nettement défavorables. Par deux fois l'Empereur avait annulé la délibération et voici en quels termes il ordonnait d'examiner à nouveau et définitivement la requête des missionnaires :

La trente-unième année du règne de Kang-Hi, le second jour du deuxième mois de la Lune, Yi-Sang-O, ministre d'État, vous déclare les volontés de l'Empereur.

Les Européens qui sont à ma cour président depuis longtemps aux mathématiques. Durant les guerres civiles, ils m'ont rendu un service très important par le moyen du canon qu'ils ont fait fondre : leur prudence et leur adresse singulière, jointes à un zèle et à un travail extraordinaire, m'obligent encore à les considérer. Outre cela, leur Loi n'est point séditieuse, et il nous semble bon de la permettre, afin que ceux qui

voudront l'embrasser, puissent librement entrer
dans les Églises et faire une profession publique
du culte qu'on y rend au Souverain Seigneur du
Ciel. Nous voulons donc que tous les édits qui
jusqu'ici ont été portés contre cette Loi, de l'avis
et du conseil de nos Tribunaux, soient à présent
déchirés et brûlés. Vous, ministres d'État, et
vous, mandarins tartares du Souverain Tribunal des Rites, assemblez-vous, examinez cette
affaire, et me donnez au plus tôt votre avis.

L'arrêt fut enfin conforme à la volonté impériale. Il était rédigé en forme de requête,
afin de le présenter à l'Empereur et d'en obtenir la confirmation. En voici les parties essentielles :

...Nous avons sérieusement examiné ce qui
regarde les Européens, lesquels attirés de l'extrémité du monde par la renommée de votre singulière prudence, et par vos autres grandes qualités, ont passé cette vaste étendue de mers qui
nous sépare de l'Europe. Depuis qu'ils vivent
parmi nous, ils méritent notre reconnaissance
par les signalés services qu'ils nous ont rendus
dans les guerres civiles et étrangères, par leur
application continuelle à composer des livres
utiles et curieux, par leur droiture et leur sin-
cère affection pour le bien public.
Ces Européens sont fort tranquilles, ils n'exci-
tent point de troubles dans nos provinces ; ils ne

font de mal à personne, ils ne commettent aucune mauvaise action...

...Puis donc que nous n'empêchons ni les Lamas de Tartarie, ni les Bonzes de la Chine d'avoir des Temples et d'y offrir de l'encens à leurs Pagodes, beaucoup moins pouvons-nous défendre aux Européens qui ne font, ni n'enseignent rien contre les bonnes Lois, d'avoir aussi leurs Églises particulières et d'y prêcher publiquement leur religion. Certainement ces deux choses seraient tout à fait contraires l'une à l'autre, et nous paraîtrions manifestement nous contredire nous-mêmes...

...Cependant nous attendons là-dessus les ordres de Votre Majesté afin que nous les puissions communiquer aux gouverneurs et aux vice-rois tant de Pékin que des autres villes des provinces. Fait l'an trente-unième du règne de Kang-Hi, le troisième jour du second mois de la Lune.

Confirmé aussitôt (22 mars 1692), l'arrêt était expédié par le Tribunal des Rites aux autorités provinciales avec le commentaire suivant :

Vous donc, vice-rois des provinces, recevez avec un très profond respect cet Édit impérial ; et dès qu'il sera entre vos mains, lisez-le attentivement ; estimez-le et ne manquez pas de l'exécuter ponctuellement, selon l'exemple que Nous

vous en avons donné. De plus, faites-en faire
des copies, pour le répandre dans tous les lieux
de votre gouvernement, et nous donnez avis de
ce que vous aurez fait en ce point[1].

Il semble que cette pièce décisive contenait
tout ce que la diplomatie européenne s'est,
depuis lors, efforcé d'obtenir en faveur des
missions, y compris le droit de propriété au
sujet duquel on a tant discuté, avant d'abou-
tir, en 1865, au traité Berthemy. Cette dernière convention, à vrai dire, ne fit qu'assurer
aux missionnaires ce qu'ils possédaient déjà
en vertu de l'Edit de Kang-Hi, en subordon-
nant toutefois l'exercice de leur droit à certaines conditions et restrictions qui ne figu-
raient point dans le document impérial de
1692. Celui-ci reconnaissait, sans réticence aucune, aux Européens, le droit « d'avoir leurs
Eglises particulières... », ce qui devait natu-
rellement impliquer le droit d'acquérir les
terrains nécessaires à la construction de ces
édifices. En revanche, la convention Berthemy, dont nous obtenions en 1894 la reconnaissance et la ratification formelle par le

1. Voir le texte complet du document dans Du
Halde. *Description de l'Empire de la Chine*, t. III,
pp. 112-113.

gouvernement chinois, stipule que toute propriété acquise à l'intérieur de l'Empire sera inscrite non pas au nom de tel ou tel missionnaire, mais comme propriété collective de la mission. D'autres articles exigent que l'intention d'acquérir soit notifiée au préalable et dans certains délais aux autorités locales, etc., etc. Tout cela n'a pas l'accent vainqueur ; ce n'est pas le *sic volo sic jubeo*, mais plutôt le ton de la procédure, d'un contrat péniblement débattu avec un procureur retors. Etait-il donc nécessaire de recourir à cet instrument plutôt modeste et mal venu qui semble n'entr'ouvrir à nos protégés qu'une petite porte de la Chine, au seuil de laquelle il faut s'incliner et donner le mot de passe, alors que nous avions sous la main un titre vieux de deux siècles leur assurant le droit de pénétrer par la grande porte, librement et la tête haute ?

Comparé à la grandiloquence de Kang-Hi attestant les services rendus à l'Empire par les Européens et l'innocuité de leurs doctrines, la phrase par laquelle débute l'article 13 du traité de 1860 fait également assez pauvre figure :

La religion chrétienne, — y est-il dit, — ayant

pour objet essentiel de porter les hommes à la
vertu, les membres de toutes les communautés
chrétiennes jouiront, etc., etc...

Cela, en vérité, manque un peu d'ampleur.
Le rédacteur du traité a l'air de se croire
obligé de plaider en quelque sorte les circons-
stances atténuantes en faveur de ceux-là mêmes pour lesquels il revendique le libre exercice de leur culte. L'édit de Kang-Hi avait, on
en conviendra, une tout autre allure. Il avait
pour lui, qui plus est, cette valeur inestimable
d'avoir été rendu par le plus grand monarque
de la dynastie actuelle. Il possédait enfin l'autorité du fait accompli de longue date, l'autorité de la tradition, cette alliée toujours précieuse, en Chine plus que partout ailleurs.
Plutôt que de paraître imposer une innovation, n'eût-il pas été à la fois plus simple et
plus habile d'exiger le maintien intégral des
droits existants depuis deux siècles, de stipu-
ler que ces droits accordés par l'illustre empereur Kang-Hi n'avaient point cessé et ne
cesseraient jamais d'être en vigueur, tous édits
contraires devant être considérés comme nuls
et non avenus? En affirmant ainsi le respect
du passé, on restait dans la tradition chinoise,

on garantissait plus sûrement l'avenir. C'est donc, à notre sens, ce vénérable document qu'il conviendrait de choisir pour base solide de toutes négociations ultérieures concernant les missions et les chrétientés chinoises.

Il ne paraît pas en effet que les missionnaires aient obtenu, par des conventions plus récentes, des avantages supérieurs à ceux que leur assurait l'édit impérial de 1692. Nous n'ignorons pas qu'un arrangement intervenu en 1898 leur a donné des grades dans le mandarinat. Mais est-ce là un avantage sérieux ? Leur situation est-elle donc plus enviable par le fait que de simples prêtres européens exerçant librement en Chine le sacerdoce sous la protection des traités, sont devenus du jour au lendemain des sortes de fonctionnaires chinois, enrôlés désormais dans la hiérarchie mandarinale ? J'ai peine à le croire. Au surplus, les derniers événements ont prouvé que le bouton de corail ou de cristal ne suffisait point à les protéger contre les rancunes des autorités et les fureurs des foules. Le malheureux évêque de Moukden n'a-t-il pas, en dépit de son globule rouge, été décapité dans le yâmen même et sous les yeux du gouverneur, son collègue dans le mandarinat ?

E

Le seul arsenal de Kiang-Nan, près Shanghaï, comprend : 1° Un « département des machines » installé de façon à pouvoir construire
des machines de 3 000 chevaux ; 2° un atelier
pour les coques en fer et les chaudières. On y
a construit un croiseur de 2 000 tonneaux
filant 14 nœuds ; 3° une petite manufacture
d'armes fabriquant des Remington à raison de
200 par semaine. Avec un personnel mieux
choisi, elle en fabriquerait aisément un mil-
lier ; 4° un « département des projectiles »,
pouvant fournir une production d'environ cinq
tonnes par jour, depuis le projectile de 5 pour
pièce de campagne jusqu'aux obus pour les
Krupp.

M. Henry Norman qui visitait cet arsenal
en 1894 en compagnie du directeur, un Anglais d'Elswick, M. N. E. Cornish, déclare
avoir vu un canon de 8 pouces, de 12 tonnes 1/2, monté sur un affût hydro-pneuma-
tique à éclipse. Cette pièce avait été construite

entièrement à Kiang-Nan. Les chantiers en contenaient huit autres en cours de fabrication. Au dire du directeur, l'arsenal avait, en deux ans, livré 22 canons de 8 pouces, 8 canons de 6 pouces et 1 de 9.

A une petite distance de Kiang-Nan sont les poudrières et les manufactures de cartouches qui peuvent fournir 10 000 cartouches par jour.

L'Europe ne se décidera-t-elle pas à mettre fin à cette intéressante mais trop dangereuse industrie ?

TABLE

Paris. — Typ. Chamerot et Renouard. — 39828.

FÉLIX ALCAN, ÉDITEUR

108, BOULEVARD SAINT-GERMAIN, PARIS

EXTRAIT DU CATALOGUE

BAGEHOT. — **Lois scientifiques du dévelop-ment des nations**, 1 vol. in-8°, 6° édit., cart. à l'angl. . . . . **6 fr.** »

BRUNACHE. — **Le centre de l'Afrique.** *Autour du Tchad*, 1 vol. in-8°, cart. à l'angl. . . . . . **6 fr.** »

GAFFAREL. — **Les colonies françaises**, 1 vol. in-8°, 6° édit. . . . . **5 fr.** »

DE LANESSAN. — **La morale des philosophes chinois**, 1 vol. in-12. . . . . **2 fr. 50**

DE LANESSAN. — **L'Indo-Chine française**, 1 vol. in-8°. . . . . **15 fr.** »

DE LANESSAN. — **La colonisation française en Indo-Chine**, 1 vol. in-12. . . . . . . **3 fr. 50**

DE LANESSAN. — **Principes de colonisation**, 1 vol. in-8, cart. . . . . **6 fr.** »

MONTEIL (Lt-Cl P.-L.) — **De Saint-Louis à Tripoli par le lac Tchad**, 1 vol. in-8° colombier, avec illustrations de RIOU. . . **20 fr.** »

PIOLET. — **La France hors de France.** *De notre émigration, sa nécessité, ses conditions* 1 vol. in-8°. . . . . **10 fr.** »

DE SAUSSURE. — **Psychologie de la coloni-sation française**, 1 vol. in-12. . . . . . **3 fr. 50**

WAHL. — **L'Algérie**, 1 vol. in-8° 3° édit. . . **5 fr.** »

Paris. — Typ. Chamerot et Renouard, 19, rue des Saints-Pères. — 39828.

www.ingramcontent.com/pod-product-compliance
Lightning Source LLC
Chambersburg PA
CBHW072038090426
42733CB00032B/1905